CONECTIVIDADE em AUTOMAÇÃO IoT

WAGNER IDEALI

CONECTIVIDADE em AUTOMAÇÃO IoT

Protocolos I2C, SPI, USB, TCP-IP entre outros.
Funcionalidade e interligação para automação e IoT

ALTA BOOKS
E D I T O R A
Rio de Janeiro, 2021

Conectividade em Automação e IoT

Produção Editorial
Editora Alta Books

Gerência Comercial
Daniele Fonseca

Editor de Aquisição
José Rugeri
acquisition@altabooks.com.br

Produtores Editoriais
Ian Verçosa
Illysabelle Trajano
Larissa Lima
Maria de Lourdes Borges
Paulo Gomes
Thiê Alves
Thales Silva

Equipe Ass. Editorial
Brenda Rodrigues
Caroline David
Luana Goulart
Marcelli Ferreira
Mariana Portugal
Raquel Porto

Diretor Editorial
Anderson Vieira

Coordenação Financeira
Solange Souza

Equipe Comercial
Adriana Baricelli
Daiana Costa
Kaique Luiz
Tairone Oliveira
Victor Hugo Morais

Marketing Editorial
Livia Carvalho
Gabriela Carvalho
Thiago Brito
marketing@altabooks.com.br

Atuaram na edição desta obra:

Revisão Gramatical
Luciano Gonçalves
Paola Goussain

Diagramação
Carlos Alberto Sá

Capa
Rita Motta

Ouvidoria: ouvidoria@altabooks.com.br

Dados Internacionais de Catalogação na Publicação (CIP) de acordo com ISBD

I19c	Ideali, Wagner
	Conectividade em Automação e IoT: Protocolos I2C, SPI, USB, TCP-IP entre outros. Funcionalidade e interligação para automação e IoT / Wagner Ideali. - Rio de Janeiro : Alta Books, 2021.
	256 p. : il. ; 17cm x 24cm.
	Inclui bibliografia e índice.
	ISBN: 978-85-5081-345-5
	1. Ciências da Computação. 2. Internet. 3. Conectividade em Automação e IoT. 4. Internet das Coisas. I. Título.
2021-1697	CDD 004.678
	CDU 004.738.5

Elaborado por Vagner Rodolfo da Silva - CRB-8/9410

Editora afiliada à:

Rua Viúva Cláudio, 291 — Bairro Industrial do Jacaré
CEP: 20.970-031 — Rio de Janeiro (RJ)
Tels.: (21) 3278-8069 / 3278-8419
www.altabooks.com.br — altabooks@altabooks.com.br

DEDICATÓRIA

Dedico este trabalho a meu pai, Orlando Ideali *(in memoriam),* e a minha mãe, Maria Cardona Ideali — meu carinho eterno por eles.

O AUTOR

Wagner Ideali é bacharel em Física pela Universidade de Guarulhos, tem mestrado em Automação Industrial pela Universidade Presbiteriana Mackenzie e já foi diretor de tecnologia na Idtech Latin America no período de 2003 a 2016. Autor de livros pela Editora Érica, tem mais de 20 anos de experiência em atividades de desenvolvimento e aplicação de sistemas de automação, com cursos no Brasil e no exterior. Professor universitário há mais de 30 anos, é profundo conhecedor de microcontroladores e microprocessadores de 8, 16 e 32 bits. Atualmente é professor concursado no Instituto Federal, campus Bragança Paulista, e palestrante nas áreas de automação comercial e industrial. Wagner é apaixonado por animais, livros e, também, pela vida que Deus nos oferece.

AGRADECIMENTOS

A minha esposa, Sandra Toriano, pela compreensão das horas gastas para elaboração de todo este trabalho — agradeço, principalmente, o incentivo que me norteou para elaborá-lo.

A meus filhos, Thiago e Thayna, e a meu neto, Pablo, como incentivo à leitura, dedicação a suas profissões e à vida.

SUMÁRIO

Capítulo 3

Capítulo 4

Capítulo 10

Protocolo I2C **137**

Capítulo 18

Capítulo 19

INTRODUÇÃO

O objetivo deste trabalho não é esgotar o tema conectividade, nem tampouco abordar todo e qualquer sistema que o envolva.

Nos cursos de automação industrial e mecatrônica, ocorre uma abordagem intensa sobre o assunto, especificamente em relação às redes industriais como Profibus, Modbus, DeviceNet etc, mencionando suas características e evolução frente às necessidades do chão de fábrica.

Verificamos que não existe uma preocupação em analisar, com uma maior profundidade, outros protocolos menos importantes, mas que, geralmente, passam despercebidos nos cursos, sendo que é fundamental conhecê-los para a realização de um trabalho de TCC ou um projeto real dentro do campo da automação — protocolos tais como I2C, RS232C, USB, SPI, entre outros. Entendemos o quanto é importante estudar seus funcionamentos, pois muitas vezes precisamos interligar dois equipamentos, leitores, sensores e, até mesmo, dois ou mais hosts; fazemos uso de uma biblioteca em C; e realizamos a comunicação, mas ainda resta uma lacuna sobre como atuam realmente esses protocolos.

A partir desta análise, entendemos que seria importante um estudo mostrando o básico do funcionamento desses protocolos que estão a nossa volta, dos quais nem sempre nos damos conta do papel dentro do projeto.

Partindo dos protocolos baseados em cabos e culminando nos protocolos baseados em comunicação sem fio (wireless), procuramos realizar um estudo sucinto e objetivo com o intuito de dar ao leitor e ao aluno uma visão abrangente acerca desses sistemas.

Atualmente, está sendo explorado de forma intensa a IoT (Internet of Things — Internet das Coisas), e podemos perceber que todas as interfaces existentes têm um desses protocolos — RS232C, I2C, SPI, dentre outros —, principalmente entre os dispositivos periféricos. Porém, é difícil encontrar uma discussão sobre eles, até porque existem bibliotecas em C para articulá-los, permitindo ao programador, aluno ou aficionado utilizar a interface sem ter uma real ideia de seu funcionamento e da possível adequação dentro de nossas necessidades.

Dessa forma, objetivamos com este livro mostrar o funcionamento de alguns protocolos existentes no mercado e que tenham uma aplicação direta em processos de automação — seja industrial, bancário ou comercial —, assim como o contexto das aplicações voltadas à internet das coisas.

Falando em IoT, é importante frisar que ela é hoje uma realidade que veio para ficar, e todas as interfaces que norteiam essa área utilizam-se de protocolos de comunicação, seja entre sensores e o microcontrolador ou qualquer dispositivo que seja usado para estabelecer o envio de informação do mundo externo para o microcontrolador e vice-versa.

Sempre que utilizamos um shield em um ambiente baseado em Arduino, podemos ver que, na maioria das vezes, o protocolo usado é SPI, por ele usar menos sinais, com velocidade rápida e melhor praticidade de utilização. Desse modo, tal protocolo norteou imensamente nosso trabalho para elaborar esta obra.

Constantemente, ficamos na dúvida de que protocolo utilizar para a conexão entre dois ou mais dispositivos e, para certas situações, nem sempre vamos partir para o TCP-IP, Wi-Fi ou, até mesmo, o velho e bom RS232C.

Como estamos nos propondo a estudar vários protocolos e formas de comunicação entre hosts e dispositivos, fizemos isso de forma que o trabalho fosse dividido em capítulos, objetivando, com exemplos para uma melhor compreensão dos conceitos, em uma análise tanto dos protocolos com fio quanto dos sem fio.

Desse modo, esperamos dar ao leitor uma melhor visão do que são esses tão populares protocolos de comunicação.

CAPÍTULO 1

O QUE É CONECTIVIDADE

Neste capítulo, conceituaremos o termo conectividade, apresentando a estrutura básica para sistemas de hardware e software.

Mostraremos que conectividade não se limita somente a redes clássicas, mas a toda forma de interligar um dispositivo eletrônico a outro, dentro de um protocolo formal, ou, melhor dizendo, abordaremos a capacidade de trocar informações por meios eletrônicos de forma controlada para evitar erros dentro de uma relativa segurança.

1 - Conceito

Podemos afirmar que conectividade em eletrônica ou computação é a capacidade de hosts, computadores, máquinas e todo equipamento eletrônico serem interligados de uma forma adequada para trocar dados e informações (em maior ou menor velocidade, eficiência etc.).

Podemos definir host como um dispositivo que tem a capacidade de processamento mediante programação. É mais apropriado usar a palavra host do que computador, pois todo equipamento que se denomina host precisa ter a capacidade que o permite existir em seu aspecto construtivo, ou seja, a possibilidade de implementar uma forma, seja por um programa ou hardware, de trocar informação com outro host ou computador.

No passado, dizia-se que não poderíamos mais viver sem os computadores, mas podemos afirmar que hoje seria muito difícil vivermos sem redes de computadores, sem os sistemas interligados — sejam eles interligados por internet ou conexões locais de protocolo rápido, simples, para troca de informações entre o host e os periféricos.

Logo, fica a pergunta: o que é em princípio um computador?[1] A arquitetura de von Neumann define bem isso — uma unidade de entrada fornecendo dados externos, um processamento baseado em um programa armazenado em uma memória, e uma saída retornando ao mundo externo o resultado desse processamento. Na Figura 1.1, isso fica bem claro e, também, mostra a visão que norteará todo o trabalho desta obra. Pouca coisa mudou na arquitetura desde sua concepção na década de 1940 até os dias de hoje. O que efetivamente mudou foi a tecnologia, permitindo mais memória, velocidade, entre outros fatores; porém, os conceitos de entrada, processamento, memória e saída permanecem inalterados, mesmo se tratando de arquitetura RISC, CISC ou Harvard, que é uma variação do proposto por von Neumann.

Em uma linha de produção e para um correto controle e adequação das características do produto, existem inúmeros sensores para medir temperatura, peso, umidade etc. Mas como podemos interligar todos esses sensores até um centro de processamento? Em uma primeira visão, podemos pensar em cabos e fios, mas essa tecnologia nem sempre se faz adequada e funcional devido aos objetos materiais e mecânicos encontrados no caminho. Dessa forma, podemos ter a comunicação, com ausência de fios, entre os dados relativos aos sensores e todo sinal de entrada, para uma unidade central (podemos classificar como computador, porque ele estará acoplado também em um desses módulos de sensores). Embora alguns dos sensores permaneçam fixos durante todo o processo, outros são sujeitos a deslocamentos devido a características do próprio método produtivo — o que faz com que não sejam necessariamente alimentados pela rede elétrica, senão por bateria própria. É também relevante que as características físicas desse módulo permitam sua integração em um ambiente de linha de produção industrial. Assim, para que se adequem aos objetivos pretendidos com o projeto, os módulos de comunicação deverão ter no mínimo as seguintes características:

---

1 Definição mais ampla do conceito, ainda que hoje tenha se generalizado chamar de computador apenas o tradicional e popular PC

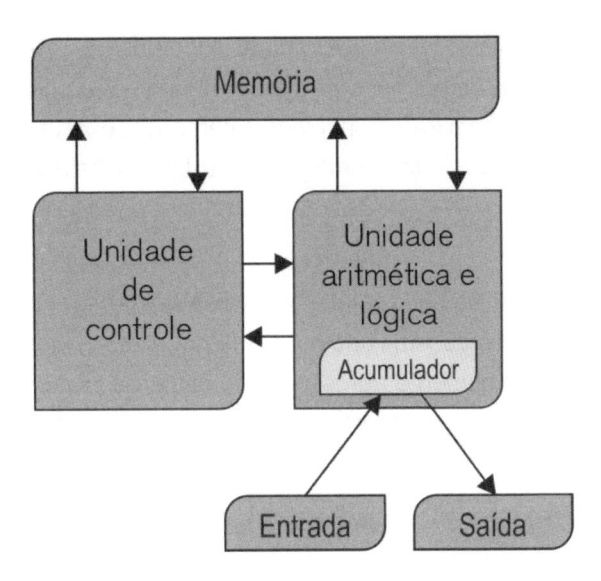

Figura 1.1 Estrutura básica de um computador segundo a arquitetura de von Neumann.

☑ Reduzido consumo de energia (ao qual estará também associada uma baixa complexidade), especialmente tendo em vista que se precisa de uma autonomia de energia, nos casos de a alimentação ser efetuada através de bateria.

☒ Baixa dependência das condições exteriores e possibilidade de serem integrados em invólucro estanque, não criando assim restrições a sua utilização.

☒ Preço razoável, em conformidade com o que deseja que seja executado. No caso do "computador central", que receberá as informações, poderia se admitir uma maior complexidade, estando sujeito a menores restrições de consumo e dimensões, uma vez que, previsivelmente, estará sujeito a uma instalação fixa ou alimentado à rede, ou até mesmo o equipamento ligado a outro host.

☒ Pequenas dimensões, para permitir o acoplamento de forma confortável aos diversos sensores e elementos de medição, assim como seu transporte.

☒ Adequação de interface, no sentido de que é desejável que seja ampla a capacidade de interligação a diferentes dispositivos ou hosts, isto é, que a interface disponibilizada seja adequada a sua área de aplicação (nesse caso, o suporte a uma comunicação RS232C ou RS422 será o mais versátil, porque vai permitir acoplamento a balanças, sensores de temperatura ou umidade, pressão etc.).

Para um exemplo clássico de conectividade, podemos citar a webcam com Wi-Fi. Ela tem dentro de sua estrutura um host (pois tem um número de IP), o que dá ao produto uma flexibilidade, graças a um microcontrolador interno, que executa atividades autônomas independentemente do usuário, tais como focar em algo que esteja em movimento, realizar a captura de uma imagem e enviar para um outro host que foi devidamente cadastrado em suas configurações.

A conectividade precisa principalmente verificar a interferência eletromagnética do ambiente quando estamos transmitindo ou recebendo dados, dentre outros fatores. Imagine um ambiente extremamente agressivo eletricamente, como o chão de fábrica, ou áreas externas, se o protocolo não tem algum tipo de verificação de erro, a comunicação ficará comprometida.

A velocidade de comunicação também em alguns casos precisa ser levada em consideração quando temos um grande volume de dados, o que pode, em baixas velocidades, provocar atrasos em sistemas em tempo real.

Assim, podemos afirmar sem risco que um bom sistema de conectividade estará sempre agregado a um protocolo, e este precisa no mínimo ter:

- ☒ Algum tipo de segurança contra ruídos e interferências.
- ☒ Velocidade compatível ao meio de propagação e volume de dados.
- ☒ Verificação de possíveis erros.
- ☒ Formato, estrutura bem definida para poder desenvolver o software de comunicação nas duas pontas.
- ☒ Segurança no transporte das informações contra-ataques para "roubar" ou alterar os dados que estão sendo transmitidos.
- ☒ Adequação das tensões envolvidas para o casamento perfeito entre host e periférico.

Podemos ter um sistema de ligação entre o microcontrolador e um dispositivo de unidade de entrada (um sensor) ou entre esse mesmo microcontrolador e um dispositivo de saída (um servomotor), sem um protocolo mesmo que seja muito simples? Podemos dizer que sim, mas o processo pode ficar comprometido por não saber se o que estamos recebendo está correto e o que estamos enviando foi bem recebido pela outra ponta.

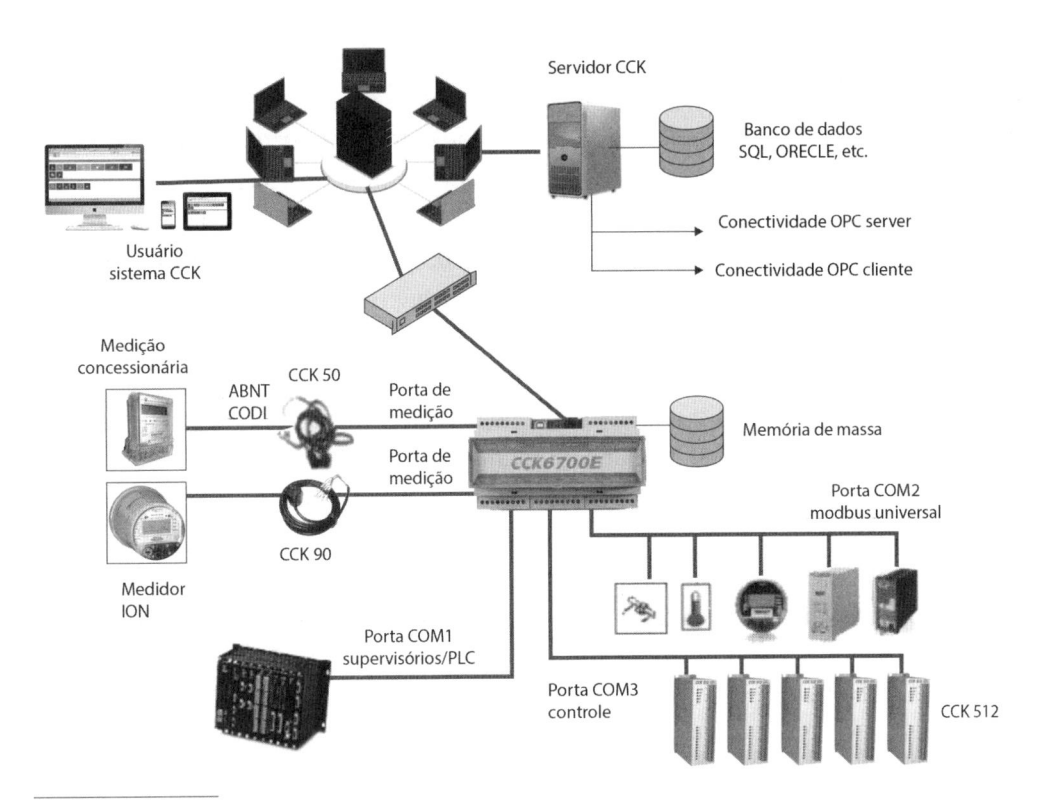

Figura 1.2 Estrutura de conectividade.

> A conectividade pode ser vista de duas formas: utilizando cabos, fios de ligação e fibra óptica, de uma ponta a outra, ou sem fio, que realiza a emissão de ondas de rádio, onde a captura desse sinal é feita por uma outra ponta que esteja devidamente sintonizada com essa emissão de frequência.

Em ambos os casos, temos os problemas de ruídos, propagação, velocidade e formato do protocolo, segurança etc, porém, em algumas aplicações, faz-se necessário escolher uma determinada forma de conexão que melhor se adeque a necessidade.

A conectividade de rede também é um tipo de métrica para discutir como partes de uma rede se conectam umas às outras dentro de um universo computacional. Termos relacionados incluem topologia de rede, que se refere à estrutura e composição da rede como um todo. Existem muitas topologias de rede diferentes — incluindo projetos de hub com a estrutura de forma linear, árvore e estrela —, cada um dos quais configurados de maneira a facilitar a conectividade entre computadores ou dispositivos. Cada um tem suas vantagens e desvantagens em termos de conectividade de rede, isso vai depender de nossa necessidade frente ao que temos em busca para inter-conectar. Profissionais de TI, particularmente administradores e analistas de rede, falam sobre a conectividade como uma peça do quebra-cabeça da rede, à medida que observam uma variedade cada vez maior de redes e as maneiras pelas quais as peças de rede se encaixam para surtir o resultado desejado. Redes ad hoc e redes veiculares são apenas dois exemplos de novos tipos de redes que funcionam em diferentes modelos de conectividade. Juntamente da conectividade de rede, os ad-ministradores de rede e os funcionários de manutenção também precisam se con-centrar na segurança como uma grande preocupação, de modo que a confiabilidade dos sistemas de rede esteja intimamente relacionado à proteção dos dados que são mantidos dentro deles. Hoje, quando se fala em redes faz-se necessário falar em segurança de rede, porque, dentro do aspecto de IoT, as redes não ficam circunscritas ao ambiente fechado, mas, sim, operam em ligações na internet.2

2 - Conectividade entre microcontroladores

Conectar um microcontrolador a um sensor, um microcontrolador a outro, ou um microcontrolador a internet, acaba sendo, na atualidade, a maior busca dentro do uni-verso da conectividade. As ligações entre PCs sempre foram a forma mais popular de interconectividades, para não falar dos grandes computadores ligados à internet. No entanto, estamos aos poucos caminhando para um forte processo de interconexão entre pequenos hosts dentro do universo IoT. Assim, diferentes tipos de protocolos se fazem necessários, além do clássico TCP-IP entre hosts (definido acima como qualquer máquina com capacidade de programação e possibilidade de comunicação) e o RS232C entre dispositivos.

Um sensor de temperatura vai responder melhor a uma ligação ao microcontro-lador se for interligado via SPI ou I2C, bem como dois microcontroladores podem melhor conversar entre si se estiverem próximos fisicamente através desses mesmos

---

2 A palavra internet é aqui definida como a rede mundial de computadores, pois, atualmente, pode-se confundir com redes locais ou intranet..

protocolos, pois estamos, nesse momento, objetivando custos menores ou complexidade de conexão.

3 - Exercícios

1 – Como podemos definir a conectividade?

R.: Ato de conectar, dentro de um formalismo de protocolo, dois dispositivos eletrônicos.

2 – Como podemos definir um protocolo?

R.: Um processo de comunicação entre dois dispositivos dentro de um formalismo de troca controlada de dados.

3 – Quais são as preocupações que devemos ter em um sistema baseado em um protocolo entre dois ou mais pontos?

R.: Velocidade, tamanho dos dados e distância entre os equipamentos.

4 – Seria possível uma IoT entre host e dispositivo sem um protocolo? Como seria isso?

R.: Sim, é possível, mas o controle fica mais difícil e os resultados são imprevisíveis.

5 – Quais são os sistemas de comunicação que você usaria para interligar dois prédios distantes? Cabos ou conexão sem fio? Por quê?

R.: Um fator importante nas ligações entre grandes distâncias ou entre prédios está principalmente nas interferências eletromagnéticas, então o melhor seria uma ligação via sem fio do tipo Wi-Fi, ou mesmo por fibra ótica, que promoveria uma qualidade ainda maior ao sinal.

CAPÍTULO 2

INTERNET DAS COISAS

Neste capítulo, será feita uma análise rápida do conceito de IoT e de suas mais objetivas aplicações. Mostraremos onde usar e o porquê desse conceito de internet das coisas. Não é um trabalho específico sobre o assunto, porém é importante analisar o termo e a aplicabilidade devido ao fato de que seria impossível, por assim dizer, existir IoT sem conectividade.

1 - Conceito

Uma conexão à internet é algo surpreendente, pois nos dá todos os tipos de benefícios que antes não eram possíveis para explorar esse universo de conhecimento. Um computador com um canal de comunicação à rede mundial abre um mundo que, sem dúvida, está modificando o comportamento da humanidade sobre como ela mesma está vendo o mundo, seja através de seu lado bom ou ruim. Agora, imagine que, de posse de um microcontrolador, você possa explorar esse universo, comunicar-se a distância, entre outros fatores. Se você tem idade suficiente, pense em seu celular antes de ele ser um smartphone. Você poderia ligar e conversar com outra pessoa dentro do aspecto básico da telefonia, mas agora você pode ler um livro, assistir a qualquer filme ou ouvir qualquer música na palma de sua mão — isso é só para citar algumas das coisas incríveis que seu *smartphone* pode fazer. Agora, imagine que, com esse seu telefone,[1] você possa controlar dispositivos em sua casa e em seu trabalho, e controlar tantas outras coisas a distância. Tudo isso depende basicamente de ter um meio de propagação, que seria a internet, um dispositivo transmissor, no caso o telefone celular, e um dispositivo receptor capaz de realizar o controle mediante sinais recebidos do transmissor, que, por fim, seria um equipamento baseado em um microcontrolador. Esse feito é basicamente o que podemos fazer no mundo da internet das coisas — controlar coisas a distância, verificar o funcionamento e providenciar mudanças que achar necessárias.

Dessa forma, podemos ver que internet das coisas é um conceito que se aplica à interconexão digital de objetos cotidianos com a internet, algo novo e que está tomando um lugar no mundo digital, que, podemos dizer, está derrubando antigos paradigmas. É a conexão dos objetos e dispositivos, até mais do que as pessoas, à internet. Em outras palavras, a internet das coisas é uma rede de objetos e dispositivos físicos capaz de coletar e transmitir dados, tudo controlado por microcontroladores e microprocessadores a distância, via internet, a rede mundial de computadores.

Como a internet das coisas está rapidamente se tornando uma realidade, é cada vez mais intrigante para os desenvolvedores e usuários em potencial. Em uma visão simplista, a IoT pode ser vista como uma sofisticada rede de coisas — que não são apenas computadores típicos, telefones celulares ou máquinas, mas coisas como televisores, relógios, alarmes, forno de micro-ondas, geladeiras, máquinas de lavar, ares-condicionados, automóveis, piscinas e equipamentos médicos instalados no corpo de uma pessoa, ou qualquer coisa em que você acredite que torne a vida mais inteligente e fácil sendo controlada a distância.

Excelente combinação de múltiplas tecnologias para possibilitar uma vida melhor, a internet das coisas é a coleção de objetos na internet ou na rede, em que nós confiamos um determinado controle para facilitar nossas vidas. Até recentemente, as informações eram coletadas separadamente e depois inseridas em sistemas computadorizados para resumir e dar sentido a elas. No entanto, com o advento da IoT, as coisas que gerarão dados se manifestariam e talvez lhe diriam muito mais do que você descobre através dos métodos de mineração rotineira de dados.

---

1 Aqui, o telefone celular em questão não é o antigo aparelho básico de telefonia celular, mas o que hoje chamamos de *smartphone*, que tem propriedades de um computador na palma da mão.

A parte mais crítica é aquela em que a IoT é apresentada aos usuários finais de forma mais útil e simplista, pois eles precisam usar o produto para o fim que se objetiva. Muitas pessoas não pensam na eletricidade como o básico para o funcionamento das coisas: o que elas pensam é ligar a televisão, iluminar a sala ou tocar música. A eletricidade para essa finalidade é apenas, para essas pessoas, uma mídia ou um dos facilitadores. Em suma, todas essas coisas são aplicações da eletricidade, ou melhor, da transformação da mesma. Da mesma forma, para fazer um produto IoT, convertê-lo em um aplicativo útil e significativo será a chave de todo o desenvolvimento. Tecnicamente, é mais fácil criar um produto e ter conectividade RF ou Bluetooth integrada a ele. No entanto, isso não necessariamente torna o produto habilitado para IoT. Mas por quê não? Porque o aplicativo que o produto veicula não determina isso. Não sobrecarregar os usuários em geral e, ainda, dar sentido ao produto é bem difícil, por isso eles são os principais impulsionadores para tornar a IoT um sucesso e uma realidade maior e mais produtiva.

Contudo, corremos o risco de transformar banalidades em IoT. Portanto, é necessário o cuidado de "automatizar" processos que justifiquem serem automatizados. Veja o que aconteceu com a calculadora. Muitas pessoas, para realizarem uma simples conta de multiplicar, ligam uma calculadora e executam uma operação que deveria ser feita mentalmente.

> Outro fator importante é que nem todos os dispositivos conectados a rede serão alimentados pela rede elétrica através de uma fonte. Alguns serão movidos a bateria, em que o baixo consumo de energia será a chave do sucesso desse produto no mundo IoT. Isso não afeta apenas as trocas de bateria ou os ciclos de carregamento, mas também a mobilidade do dispositivo ou do que estiver conectado.

Curiosamente, os projetistas também precisam responder não só a muitas questões triviais, mas também a críticas, por exemplo: o que *smartphones*, aparelhos industriais, carros, cadeados, roupas inteligentes, aparelhos domésticos etc. falavam uns com os outros? A questão aparentemente simples levanta muitas complexidades subjacentes ao projeto desses dispositivos e sistemas.

Os sistemas de computação com uma estrutura física não são nada além de sistemas incorporados de algum tipo, usando microcontroladores ou um host de médio porte, como um PC. Esses computadores incorporados fazem algum trabalho com base na lógica pre-definida. Os sensores deverão atuar como olho, nariz, ouvido etc.

Um sistema clássico seria um falsa lâmpada com uma CAM (Câmera) interna. Dentro, temos a fonte, a CAM, um microcontrolador com interface Wi-Fi ou TCP-IP via cabo. No interior desse microcontrolador, existe um firmware, que vai dar a essa CAM toda inteligência para vigiar o ambiente e transmitir para um celular. Outro exemplo, podemos ver em uma máquina de lavar roupa "inteligente". Nesse exemplo, podemos estar fora de casa e controlar o aparelho, via celular, usando um canal de internet. Essa máquina de lavar pode também receber roupas "chipadas" que informam o tipo de roupa a ser lavada e como a máquina deve ser preparada. Caso fosse co-locada uma camisa branca junto com uma calça jeans escura, a máquina perguntaria: "você tem certeza que pretende lavar essa camisa junto com a calça?".

Um sistema baseado em vários tipos de sensores em sua entrada e com as saídas apropriadas gerará um sistema que atuará e funcionará continuamente para obter dados externos e enviar a um host controlador. O controle é feito por um microcon-trolador, através de um programa armazenado, chamado de firmware,2 que recebe dos sensores as variáveis que estão sendo manipuladas, para, então, realizar o envio dos dados via rede — nesse momento, entra a conectividade, objeto desse trabalho.

Na maioria dos casos, essa informação, reunida do mundo físico usando os sen-sores, é enviada para um host e usada pelo sistema de host para algum trabalho em circunstâncias rotineiras ou, às vezes, esporádicas. Entretanto, quando começamos a pensar em muitos desses sistemas interconectados e a extrair sentido das informações que todos eles gerariam, começamos a trabalhar em um nível totalmente diferente.

Por exemplo, considere o controlador de nível de água automático simples ou o sinal de trânsito. Como tal, eles são bons exemplos de sistemas embarcados funcio-nando para alguma utilidade. No entanto, se quisermos interligar esses sistemas rudimentares, primeiro precisamos identificar qual será o uso potencial ao interco-nectá-los. Se essas são duas coisas ou sistemas totalmente diferentes (como sinal de trânsito e controlador de nível de água), ambos podem não ser úteis um para o outro. Contudo, se houver um controlador de nível de água e um sistema de geren-ciamento/medição de utilidades de construção, amarrá-los, juntos, sob o paradigma da IoT faz sentido.

---

2 Firmware é o termo usado para um programa específico de um determinado hardware. Quando o programa é para ser rodado embaixo de um sistema operacional, usa-se o termo aplicativo, ferramenta etc.

Portanto, o projetista do sistema deve primeiro descobrir os usos operacionais de tal aplicativo e, assim, descobrir quais mudanças fazer para tornar o sistema IoT habilitado. Bem, os sensores são o futuro dos dados distribuídos. Não existiria IoT sem os sensores, que são os elementos de captação de dados do mundo externo.

A computação de propósito geral está se dissipando e se tornando cada vez mais incorporada em nossas vidas com o advento da IoT. Estamos começando a movimentar um mar de dados, temos nossos movimentos monitorados e nossos ambientes medidos e ajustados a nossas preferências, sem necessidade de intervenção direta. Isso significa novas oportunidades para projetistas de sensores, mecanismos ativos de sensores e desenvolvedores de tecnologia sem fio, bem como novos protocolos de comunicação. Além disso, ambientes de desenvolvimento com capacidades de design mais inteligentes florescerão e contribuirão sensivelmente para o mundo da IoT.

No geral, a indústria eletrônica tem um grande potencial no futuro próximo. Além disso, como a computação de propósito geral está se tornando obsoleta, a maioria das coisas que são baseadas nela começam a ficar menores e tendem a desaparecer, dando lugar a situações mais bem definidas e de propósitos mais objetivos — o mesmo acontecerá com as empresas baseadas na computação de propósito geral. Alguns dos valores de qualquer máquina estão na forma como a controlamos. Ao executá-los remotamente e atualizá-los todas as noites como um serviço da web, as máquinas podem ser constantemente aprimoradas, muitas vezes, sem qualquer modificação mecânica. A internet, dentro da área industrial, atuando sobre as máquinas, já não tem mais as limitações que havia no passado, pois não está mais limitada pela qualidade de sua inteligência a bordo.

Em muitos outros países onde a IoT já está em ritmo acelerado, as pessoas criaram muitos aplicativos que atendem à base de IoT. No entanto, tenho visto que todos são de natureza ainda bastante monótona e não mostram ou utilizam o potencial que a internet das coisas pode possibilitar. Se você pesquisar na internet, perceberá que há apenas alguns aplicativos típicos baseados em IoT, como *smartwatches*, automação residencial, utilidades domésticas e controles de acesso entre outros. Podemos pensar que a IoT é muito maior que isso. Dando uma olhada, pode-se descobrir tantas aplicações potenciais da IoT, cujo universo é muito grande e a palavra-chave é criatividade.

Pense que, na cozinha, em um belo dia, o morador de repente perceba que a geladeira está vazia e ele precisa de novos produtos. Por que não trabalhar em um aplicativo que emita alertas antecipados e, não apenas isso, também compre as mercadorias antecipadamente. Existem pessoas que gostam de eles próprios irem ao supermercado realizar as compras, mas a geladeira, por meio do aplicativo, pode avisá-lo do que está faltando.

Veja em seu automóvel quantas possibilidades de IoT em potencial, em sua casa, em seu escritório, e, com isso, sobraria tempo para gastar de maneira mais útil, como desfrutando com sua família. O ponto é que, se olharmos ao redor com cuidado, há muitas situações em potencial para aplicar os recursos da IoT, para dar às nossas vidas mais conforto e praticidade.

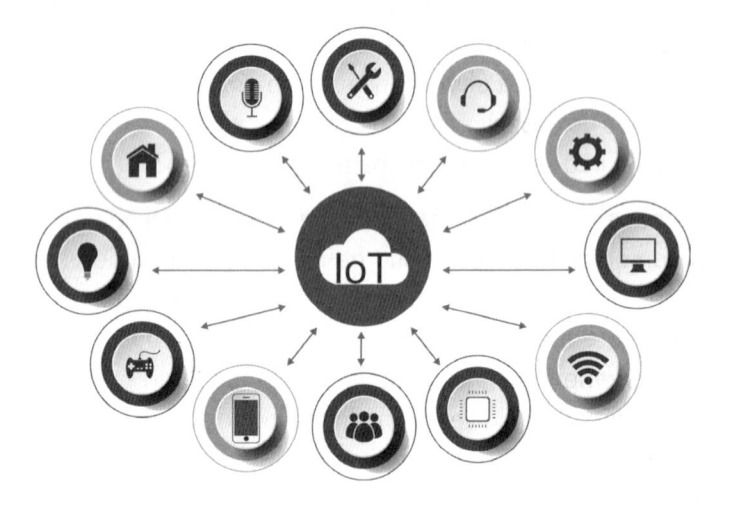

Figura 2.1 Internet das coisas.

Existem muitas plataformas prontas para construção da IoT, desde o desenvolvimento de seu próprio hardware e, então, seu firmware, partes mecânicas etc. Entretanto, atualmente, existem plataformas de hardwares prontas e de baixo custo que permitem ganhar tempo na elaboração da parte "inteligente" dessa automação que pretendemos realizar.

> Quando se fala em IoT, precisamos falar também dos recursos computacionais práticos e diretos para acionar os sistemas que queremos controlar. Assim sendo, temos hoje algumas plataformas de hardware e software que contribuem grandemente para o desenvolvimento da IoT. Isso precisa ser analisado, pois existe a relação custo-benefício a ser estudada.

As plataformas Arduino e Raspberry Pi são os principais responsáveis pelo desenvolvimento acelerado da IoT.

2 - Arduino

A plataforma Arduino é um hardware que foi concebido para ser uma arquitetura livre em uma única placa; utiliza um microcontrolador do tipo Atmel AVR, além de outros modelos. Existe nessa plataforma toda uma estrutura que permite o controle de entrada e saída, programação baseada na linguagem Wiring — que é basicamente um C mais simples e objetivo, pois é muito fácil e rápido de elaborar os programas, devido a uma larga gama de bibliotecas.

Na maioria das aplicações IoT, a plataforma responde muito bem como uma solução, mas, quando precisamos desenvolver um produto com base essencialmente no baixo custo, muitas vezes melhor desenvolver o hardware para uma redução de custos, pois vamos eliminar alguns recursos de hardware que não nos interessam, mas, frequentemente, essa plataforma responde bem às necessidades de automação em baixa escala e de rapidez no desenvolvimento.

O projeto Arduino foi criado para proporcionar, principalmente a estudantes, uma plataforma de fácil acesso, barato, funcional e de rápido desenvolvimento.

Muitas vezes construir a placa de circuito impresso, elaborar o circuito eletrônico e testes de funcionalidade física denotam um custo e um gasto dispendioso, o que facilita e muito a utilização dessa plataforma. Ela pode ser usada independente de outros circuitos, tais como servidores externos ou agregado a estes.

Normalmente, uma placa Arduino é composta de um microcontrolador com suas portas de entrada e saída, tanto analógicas como digitais, bem como timers internos, fonte de alimentação (regulador de tensão) e alguns possuem interface USB slave e até mesmo OTG (interface que permite a conexão em outros dispositivos USB slaves). Os Arduinos mais atuais têm interface de rede via cabo, Wi-Fi e Bluetooth. Muitas vezes são usadas as extensões chamadas de shields, que são placas de interface de entrada e saída de dados de diferentes tipos e modelos.

A plataforma Arduino tem suas limitações de processamento, quantidade de memória, linhas de I/O, entre outras coisas, o que mostra que essa plataforma está mais voltada para o processamento de sinais com baixo volume de dados.

Fonte: Pixabay, autor Seven_au.

Figura 2.2 Plataforma Arduino.

Quando se tem a necessidade de processar sinais, mas com um volume de dados considerável (alguns megabytes de RAM[3]), teremos outras plataformas de custo e tamanho reduzido, mas de poder de processamento que no momento supera o Arduino. Uma plataforma muito comum atualmente e de larga aceitação no mercado é o Raspberry Pi.

Dependendo do projeto, existem diversas placas de Arduino que se acomodam para sua aplicação. Na Figura 2.3, podemos ver as diversas placas com a descrição de desempenho, quantidade de pinos de entrada e saída, funcionalidade etc.

No site oficial (www.arduino.cc), podemos encontrar tudo de que precisamos para trabalhar com essa tecnologia. Existem inúmeros sites apropriados para quem deseja se aprofundar nessa tecnologia que é apaixonante.

3 - Tipos de Arduino existentes no mercado

Atualmente, são incontáveis os diferentes formatos e tipos de arquitetura baseadas no Arduino, desde o clássico UNO até placas com Wi-Fi, USB e Bluetooth embarcados. Na Tabela 2.1, temos alguns dos Arduino do mercado.

---

3 RAM significa memória de acesso aleatório, mas essa memória é volátil, perdendo seus dados quando é retirada da alimentação da mesma.

Tabela 2.1 Arduino do mercado.

	UNO	MEGA 2560	LEONARDO	DUE	ADK	NANO	PRO MINI	ESPLORA
Microcontrolador	ATmega328	ATmega2560	ATmega32u4	AT91SAM3X8E	ATmega2560	ATmega168 (versão 2.x) ou ATmega328 (versão3.x)	ATmega168	ATmega32u4
Portas digitais	14	54	20	54	54	14	14	-
Portas PWM	6	15	7	12	15	6	6	-
Portas analógicas	6	16	12	12	16	8	8	-
Memória	32K (0,5K usado pelo bootloader)	256K (8K usado pelo bootloader)	32K (4K usado pelo bootloader)	512K disponível para aplicações	256K (8K usado pelo bootloader)	16K (ATmega168) ou 32K (ATmega328) (bootloader: 2K)	16K (2K usado pelo bootloader)	32K (4K usado pelo bootloader)
Clock	16Mhz	16Mhz	16Mhz	84Mhz	16Mhz	16Mhz	8Mhz (modelo 3.3v) ou 16Mhz (modelo 5v)	16Mhz
Conexão	USB	USB	Micro USB	Micro USB	USB	USB Mini-B	Serial/Módulo USB externo	Micro USB
Conector para alimentação externa	Sim	Sim	Sim	Sim	Sim	Não	Não	Não
Tensão de operação	5V	5V	5V	3.3V	5V	5V	3.3 ou 5V, dependendo do modelo	5V
Corrente máxima portas E/S	40mA	40mA	40mA	130mA	40mA	40mA	40mA	-
Alimentação	7-12Vdc	7-12Vdc	7-12Vdc	7-12Vdc	7-12Vdc	7-12Vdc	3.35-12V (modelo 3.3v) ou 5-12V (modelo 5v)	5V

4 - Raspberry Pi

O Raspberry segue a mesma proposta do Arduino. Desenvolvida no Reino Unido pela Fundação Raspberry Pi, tem como diferencial um grande poder de processamento que permite a conexão direta de teclados, mouses, monitores LCD HDMI. O funcionamento mais comum de um Raspberry é sob a gerência de um sistema operacional que normalmente é instalado em um cartão SD.

Todo o hardware é integrado em uma única placa. O principal objetivo é promover o ensino básico em Ciência da Computação em escolas que não dispõem de recursos financeiros para obtenção de computadores clássicos, provocando a inclusão e empoderamento social. É também, como parte desse processo, uma excelente plataforma, tanto para a indústria quanto para o desenvolvimento de IoT.

> A Fundação Raspberry Pi começou a aceitar pedidos do modelo com um preço muito baixo (poucos dólares), transformando essa plataforma em uma revolução no mundo da internet das coisas.

O Raspberry Pi foi concebido a partir de um System on a Chip (SoC) Broadcom BCM2835, que inclui um processador ARM1176JZF-S de 700 MHz, GPU VideoCore IV e 512 MB de memória RAM (memória de acesso aleatório). Isso na sua primeira versão, pois atualmente a plataforma já possui Wi-Fi, memória RAM de 2 GB, bem como interface Bluetooth. A plataforma não inclui um disco rígido, assim o sistema operacional é instalado dentro de um cartão SD bem como o armazenamento de dados.

O Raspberry Pi 3 model B contém um processador 1.2 GHz 64-bit quad-core ARMv8 CPU, 1 GB de RAM, Bluetooth 4.1. Dependendo da aplicação, existem diferentes modelos de Raspberry Pi, como podemos ver na Figura 2.3. Existem, hoje no mercado, vários modelos de Raspberry Pi para sua necessidade.

> Em muitos projetos, atualmente, é preferível que seja utilizado um Raspberry Pi do que um Arduino, devido à possibilidade de implantar dentro dessa arquitetura um sistema operacional. Entretanto, se o objetivo é o tamanho, simplicidade e baixo custo, sem dúvida a solução ainda é a tecnologia Arduino.

Tabela 2.2 Tipos de Raspberry Pi

	Raspberry Pi A+	Raspberry Pi model B	Raspberry Pi 2
Lançamento	10/11/2014	15/02/2012	01/02/2015
Preço (US$)	US$20,00	US$30,00	US$35,00
Tipo Chip	**Broadcom** BCM2835	**Broadcom** BCM2835	**Broadcom** CM2836
Tipo Core	**ARM1176JZF-S**	**ARM1176JZF-S**	**Cortex-A7**
N° Core	1	1	4
Clock CPU	**700** MHz	**700** MHz	**900** MHz
GPU	**VideoCore** IV	**VideoCore** IV	**VideoCore** IV
RAM	**256** MB	**512** MB (256 - model A)	**1** GB
Wireless	X	X	X
Bluetooth	X	X	X
Consumo	**200mA**	**700mA**	**800mA**

Figura 2.3 Arquitetura Raspberry Pi.

Importante frisar que existem outras plataformas no mercado, e se o leitor tiver experiência em montagem, construção da placa de circuito impresso, facilidade em elaborar projetos, pode, então, criar sua própria placa de forma a responder 100% de sua necessidade.

Rasberry Pi Zero	Raspberry Pi Zero W	Raspberry Pi 3	Raspberry Pi 3 model B+
30/11/2015	28/02/2017	29/02/2016	2018
US$5,00	US$10,00	US$35,00	US$35,00
Broadcom BCM2835	**Broadcom** BCM2835	**Broadcom** BCM2837	**Broadcom** BCM2837B0
ARM1176JZF-S	**ARM1176JZF-S**	**Cortex-A53** 64-bit	**Cortex-A53** (ARMv8) 64-bit
1	1	4	4
1 GHz	**1** GHz	**1.2** GHz	**1.4** GHz
VideoCore IV	**VideoCore** IV	**VideoCore** IV	**VideoCore** IV
512 MB	**512** MB	1 GB	**1** GB LPDDR2 (900 MHz)
X	**802.11n**	**802.11n**	**802.11n** 2.4 GHz/5.0 GHz
X	4.1	4.1	4.1
160mA	180mA	800mA	2.5A

Na Tabela 2.2, pode-se verificar a existência de vários diferentes tipos de Raspberry Pi no mercado. Para um estudo mais detalhado e profundo, aconselhamos pesquisar na página oficial dessa plataforma: www.raspberrypi.org.

5 - Exemplo de aplicação com Arduino

A seguir, é apresentado um exemplo de um programa simples. Usando um botão colocado no pino D2 do Arduino e um LED com um resistor de 300 ohms em série no pino D7, poderemos com o programa abaixo realizar o piscar do LED sempre que o botão for pressionado.

Se esse programa for copiado dentro do compilador do Arduino, depois realizada a compilação e baixada na placa do Arduino que já tenha o botão e o LED, teremos um exemplo de funcionamento muito simples para poder sentir a flexibilidade da arquitetura Arduino.

```
// programa para fazer um LED piscar ao se pressionar um botão

int botao = D2;  // atribuiu pino D2 à palavra button
int LED = D7;    // atribuiu pino D78 à palavra LED
void setup() {
 pinMode(LED, OUTPUT);
 pinMode(botao, INPUT);
 digitalWrite(LED, HIGH);       // desliga o LED
}
void loop() {
  int state = digitalRead(botao);   // verifica se o botão foi
pressionado
  if(state == 0)
  {
  digitalWrite(LED, LOW);       // liga o LED
  delay(200);               // espera 200ms
  digitalWrite(LED, HIGH);      // desliga o LED
  delay(200);               // espera 200ms
  }
}
```

Com o programa acima, muito simples, que mostra como a plataforma é fácil de trabalhar, podemos fazer um LED piscar.

Figura 2.4 Estrutura conceitual do controle IoT.

Assim, podemos ver na Figura 2.4 que o conceito de IoT pode ser definido como um elemento controlador, que, na maioria dos casos, é um telefone celular com uma inteligência suficiente para realizar esse controle via um aplicativo. Portanto, os atuais *smartphones* são os indicados para esse trabalho, sendo necessários também um meio de propagação — a internet, que está disponível no mundo todo; e, por fim, o elemento a ser controlado, que seria um dispositivo baseado em microcontroladores, como, por exemplo, o Arduino ou Raspberry Pi com seus sensores e atuadores.[4]

6 - Exercícios

1 — O que é Internet das Coisas (IoT)?

R.: A arte de se conectar tudo à internet e permitir o controle a distância.

2 — Onde se aplica a IoT?

R.: Todo local em que seja preciso o controle via internet.

3 — Onde você entende que a IoT não teria aplicação satisfatória?

R.: Não acredito existir local assim, apenas onde a internet não está operando de forma eficaz.

---

[4] Sensores recebem informação do mundo externo e os atuadores enviam as respostas ao mundo externo. São exemplos de atuadores os motores, LEDs, solenoides, entre outros.

4 – Cite algumas aplicações para um Arduino?

R.: Controle de acesso, controle residencial e controle de máquinas.

5 – Cite algumas aplicações para um Raspberry Pi?

R.: Jogos digitais e controles que se realizam com Arduino, ainda que de forma mais eficiente.

Capítulo 3

REDES E PROTOCOLOS

As conexões entre hosts podem ser feitas com ou sem cabos, mas sempre devem ser estruturadas com um protocolo para que se tenha a entrada dos dados com sucesso.

Existem inúmeras redes com interligação via cabo, tais como TCP-IP, e outras redes para chão de fábrica, mas, com o problema de espaço e custo, entre outras situações, existe uma tendência de crescimento do uso de comunicação sem fio.

Ainda há muitos sistemas e aplicações em que se faz necessário o uso de redes via cabo, sejam elas usadas em escritórios, chão de fábrica ou empresas de um modo geral.

O motivo maior de uso de redes via cabo está ainda na segurança, pois torna-se um pouco mais difícil a invasão (mas não impossível), além também do fator velocidade, que é mais fácil se conseguir em um cabeamento estruturado do que por wireless.

Uma opção muito usada são as redes por fibra óptica. Esse tipo de rede oferece, além de confiabilidade e segurança, a possibilidade de alta taxa de velocidade para a transferência de dados.

1 - Conceito de protocolo

Sempre que temos dois ou mais hosts (computadores ou equipamentos dotados de um sistema microcontrolado), precisamos realizar a conexão entre eles, tornando-se necessária a ligação via protocolo.

A estrutura básica, ou, como chamamos, frame de um protocolo, é construída dentro de "x" partes:

- ☒ **Cabeçalho:** local onde temos os detalhes do tipo do protocolo, sua estrutura e tamanho.

- ☒ **Endereço de origem:** de onde partiu o pacote. Todos os dados de um protocolo são enviados a partir de pacotes.

- ☒ **Endereço de destino:** para onde deverá ser enviado o pacote.

- ☒ **Conteúdo:** área destinada aos dados e/ou comandos desse pacote.

- ☒ **Finalizador:** local onde temos a finalização com caracteres apropriados e um check sum[1] para verificação de erros.

Cabeçalho	End. Origem	End. Destino	Dados	Finalização

Figura 3.1 Estrutura de um protocolo.

2 - O modelo OSI

O modelo OSI é mostrado na Figura 3.3. Ele foi desenvolvido como um primeiro passo na direção da padronização internacional dos protocolos usados nas diversas camadas. Esse modelo foi denominado de modelo de referência para a interconexão de sistemas abertos ou RM-OSI (Reference Model for Open Systems Interconnection), pois trata da interconexão de sistemas abertos, ou seja, sistemas que estão abertos à comunicação com outros sistemas.

---

1 Check sum significa verificação de erros por um algoritmo que pode ser uma simples soma ou algo mais complexo que analisa os dados enviados e gera uma palavra de controle

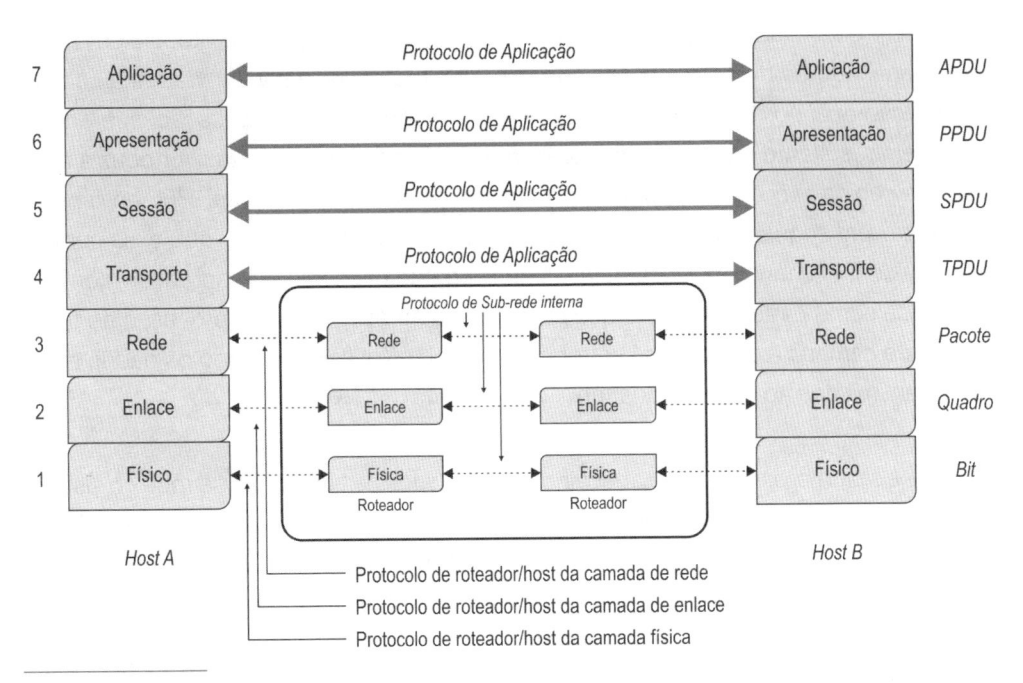

Figura 3.2 Arquitetura de sete camadas do modelo OSI.

O modelo OSI foi criado seguindo a filosofia das arquiteturas multicamadas, já descrita anteriormente. Como mostra a Figura 3.2, sua arquitetura define sete camadas, cujos princípios de definição foram os seguintes:

1. Cada camada corresponde a um nível de abstração necessário no modelo.

2. Cada camada tem suas funções próprias e bem definidas.

3. As funções de cada camada foram escolhidas segundo a definição dos protocolos normalizados internacionalmente.

4. A escolha das fronteiras entre cada camada deveria ser definida de modo a minimizar o fluxo de informação nas interfaces.

5. O número de camadas deve ser suficientemente grande para que funções distintas não precisem ser colocadas na mesma camada e deve ser suficientemente pequeno para que a arquitetura não se torne difícil de controlar.

O formato como os dados são transmitidos ao longo do modelo OSI é ilustrado na Figura 3.3. Como pode ser visto, o modelo possibilita a comunicação entre suas sub-redes, através de processadores de interface de mensagem. Uma etapa do protocolo envia uma certa quantidade de dados ao outro lado receptor. Ele envia, então, os dados à camada de aplicação que, por sua vez, introduz a estes um cabeçalho de aplicação, que envia a mensagem resultante à camada de apresentação. Essa camada, então, introduz à mensagem recebida um cabeçalho, que chamaríamos de apresentação, PH, enviando a mensagem, em seguida, à camada inferior. É importante ressaltar aqui que essa camada não toma conhecimento da existência e significado do cabeçalho de aplicação, considerando esse como parte dos dados que compõem a mensagem. Este processo de transferência de camada a camada vai se repetindo até o nível físico, quando os dados serão, enfim, transmitidos ao sistema destino.

Nesse sistema, os diversos cabeçalhos, introduzidos nas camadas de rede do sistema fonte, vão sendo interpretados e eliminados nas camadas correspondentes até que os dados cheguem ao processo receptor. O conceito fundamental da transferência de dados é que cada camada foi desenvolvida como se ela fosse realmente horizontal, quando, na verdade, a transmissão se dá de modo vertical e as informações sobem degrau a degrau. Isso fica claro, por exemplo, quando a camada de transporte, que emite, recebe um dado da camada de sessão, insere um cabeçalho de transporte e envia a mensagem à camada de rede, que opera como emissora.

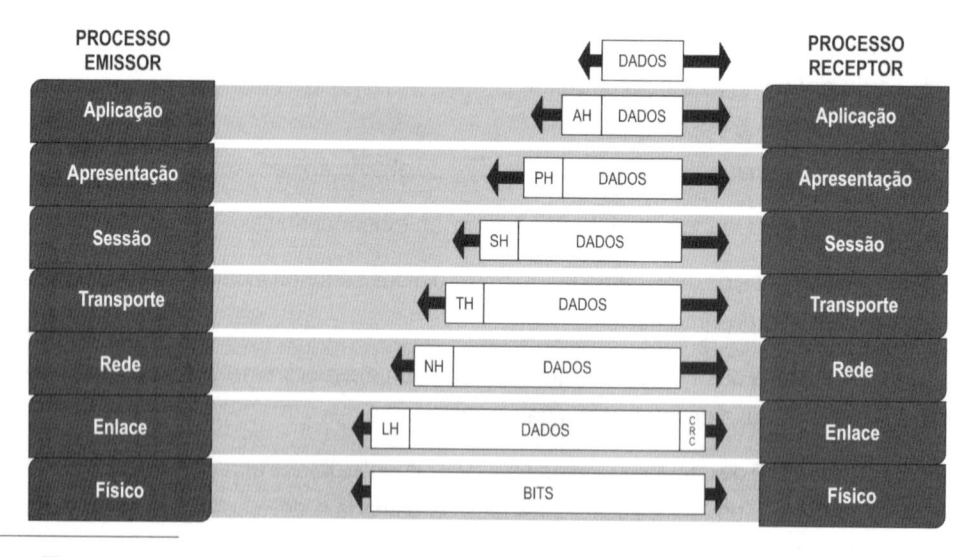

Figura 3.3 Ilustração da comunicação no modelo OSI.

3 - As camadas do modelo OSI

3.1 Camada física

A camada física é responsável pela transmissão e recepção de dados sem qualquer informação mais detalhada, ou seja, não estruturados entre um dispositivo e um meio físico de transmissão. Ela converte os bits digitais em sinais elétricos, de rádio ou ópticos. As especificações de camada definem características como os níveis de tensão, a temporização das alterações de tensão, as taxas de dados físicos, as distâncias máximas de transmissão, o esquema de modulação, o método de acesso ao canal e os conectores físicos. Isso inclui o layout de pinos, voltagens, impedância de linha, especificações de cabo, temporização de sinal e frequência para dispositivos sem fio. O controle da taxa de bits é feito na camada física e pode definir o modo de transmissão como simplex, half--duplex e full-duplex. Os componentes de uma camada física podem ser descritos em termos de uma topologia de rede. Podemos nessa camada ter o meio de transmissão, tais como Bluetooth, ETHERNET, USB etc.

3.2 Camada de enlace de dados

A camada de enlace de dados fornece transferência de dados de nó para nó — um link entre dois nós conectados diretamente. Ele detecta e, possivelmente, corrige erros que podem ocorrer na camada física. Também define o protocolo para estabelecer e terminar uma conexão entre dois dispositivos fisicamente conectados, além de definir o protocolo para controle de fluxo entre eles.

O IEEE 802 divide a camada de enlace de dados em duas subcamadas a saber:

☒ **Camada de controle de acesso médio (MAC):** responsável por controlar como os dispositivos em uma rede obtêm acesso a um meio e permissão para transmitir dados.

☒ **Camada de controle de link lógico (LLC):** responsável por identificar e encapsular os protocolos da camada de rede e controlar a verificação de erros e a sincronização de quadros.

3.3 Camada de rede

A camada de rede fornece os meios funcionais e processuais de transferência de sequências de dados de comprimento variável (chamados pacotes) de um nó para outro conectado em outras redes com denominação diferente. Uma rede é um meio ao qual muitos nós precisam ser conectados, em que cada nó tem um endereço que permite que esses nós conectados a ele transfiram mensagens para outros nós também a ele conectados, simplesmente fornecendo o conteúdo de uma mensagem e o endereço do destino, e deixa a rede encontrar a maneira de entregar a mensagem ao nó de destino, possivelmente roteando as estações através de nós intermediários. Se a mensagem for muito grande para ser transmitida de um nó para outro na camada de enlace de dados entre esses nós, a rede pode implementar a entrega de mensagens, dividindo a mensagem em vários fragmentos em um nó, enviando os fragmentos independentemente e remontando os fragmentos em outro nó.

> A entrega de mensagens na camada de rede não é necessariamente garantida. Um protocolo de camada de rede pode fornecer entrega confiável de mensagens, mas não precisa fazê-la.

3.4 Camada de transporte

A camada de transporte fornece os meios funcionais e processuais de transferir sequências de dados de comprimento variável de um local para outro, enquanto mantém a qualidade das funções de serviço.

A camada de transporte controla a confiabilidade de um determinado link por meio de controle de fluxo, segmentação e controle de erros. Alguns protocolos são orientados a estado e conexão. Isso significa que a camada de transporte pode acompanhar os segmentos e retransmitir aqueles que falham na entrega. Ela também fornece o reconhecimento da transmissão de dados bem-sucedida e envia os próximos dados se nenhum erro ocorrer. A camada de transporte cria segmentos fora da mensagem recebida da camada de aplicativo — segmentação é o processo de dividir uma mensagem longa em mensagens menores.

3.5 Camada de sessão

A camada de sessão controla os diálogos (conexões) entre os computadores, ou seja, estabelece, gerencia e finaliza as conexões entre o aplicativo local e remoto. Ela fornece operação full-duplex, half-duplex, ou até mesmo uma comunicação simplex unidirecional, e estabelece procedimentos para verificação, suspensão, reinicialização e encerramento de uma sessão.

No modelo OSI, essa camada é responsável pelo fechamento de uma sessão, que é tratada no Transmission Control Protocol, na camada de transporte do Internet Protocol Suite[2]. Essa camada também é responsável pela verificação e recuperação da sessão, que geralmente não é usada no Internet Protocol Suite. A camada de sessão é comumente implementada de forma explícita em ambientes de aplicativos que usam chamadas de procedimento remoto.

3.6 Camada de apresentação

A camada de apresentação estabelece o contexto entre entidades da camada de aplicação, nas quais as entidades da camada de aplicação podem usar sintaxe e semântica diferentes se o serviço de apresentação fornecer um mapeamento entre elas. Se houver um mapeamento disponível, as unidades de dados de protocolo de apresentação serão encapsuladas em unidades de dados de protocolo de sessão e transmitidas pela pilha de protocolos.

> Nessa camada, fica todo o processo de criptografia ou compressão dos dados. Parece, em um primeiro momento, uma camada simples, mas é uma das mais complexas e exige um poder de processamento por parte do computador ou host muito grande para executar.

Essa camada fornece independência da representação de dados, traduzindo entre os formatos de aplicativo e de rede. A camada de apresentação transforma os

---

2 Popularmente chamamos o protocolo de TCP-IP, mas, na verdade, esse nome é dado a um conjunto de protocolos, ou suíte, em que o TCP e o IP são os mais populares.

dados no formato aceito pelo aplicativo. Essa camada formata os dados a serem enviados através de uma rede, sendo às vezes, chamada de camada de sintaxe. A camada de apresentação pode incluir funções de compressão e negocia a sintaxe de transferência.

3.7 Camada de aplicação

A camada de aplicação é a camada OSI mais próxima do usuário final, o que significa que tanto a camada de aplicação OSI quanto o usuário interagem diretamente com o aplicativo de software. Essa camada interage com aplicativos de software que implementam um componente de comunicação. Tais aplicativos estão fora do escopo do modelo OSI. As funções da camada de aplicativo geralmente incluem a identificação de parceiros de comunicação, a determinação da disponibilidade de recursos e a sincronização da comunicação. Ao identificar os parceiros de comunicação, a camada de aplicativo determina a identidade e a disponibilidade de parceiros de comunicação para um aplicativo com dados a transmitir. A distinção mais importante na camada de aplicativo é a distinção entre a entidade de aplicativo e o aplicativo. Por exemplo, um site pode ter duas entidades de aplicativo: uma usando HTTP para se comunicar com seus usuários e outra para um protocolo de banco de dados remoto a fim de registrar as informações. Nenhum desses protocolos tem nada a ver um com o outro. Essa lógica está no próprio aplicativo. A camada de aplicação, por si só, não tem meios para determinar a disponibilidade de recursos na rede.

4 - Redes

Podemos afirmar que rede seria a interconexão de vários hosts (computadores) para conversarem entre si dentro de um padrão ou protocolo estabelecido.

Podemos classificar as redes em dois tipos básicos: redes com fio e sem fio.

5 - Redes com fio ou cabeada

Uma rede é formada por um conjunto de hosts com processadores capazes de trocar informações e compartilhar recursos, interligados por um subsistema de comunicação, ou seja, é quando há pelo menos dois ou mais computadores (hosts) e outros dispositivos ligados entre si, de forma que podem compartilhar recursos físicos e lógicos.

Os dispositivos que originam uma rede de computadores que roteiam e terminam os dados são denominados de "nós" de rede (ponto de conexão). Os "nós" podem incluir hosts, como computadores pessoais, telefones, servidores, e hardware de rede. Os dispositivos podem ser ditos como estando em "rede" quando um dispositivo é capaz de trocar informações com o outro dispositivo, através de um protocolo, e que eles tenham ou não uma conexão direta uns com os outros.

Em suma, uma rede de computadores é formada por um conjunto de equipamentos baseados em processadores capazes de trocar dados e informações e compartilhar os recursos existentes na mesma, interligados por um sistema de comunicação.

A rede cabeada é quando os dados são transmitidos a partir de cabos. Dessa forma, a rede cabeada possui algumas características que reduzem a possibilidade de interferências. Por isso, é possível conseguir, muitas vezes, velocidades maiores com mais segurança em comparação com a rede sem fio.

É importante verificar que isso está mudando aos poucos com o avanço tecnológico. Atualmente, temos redes sem fio altamente imune a ruídos e muito rápidas e seguras.

A Tabela 3.1 apresenta algumas redes via cabo que são possíveis de se implementar, mas algumas são para aplicações específicas de tráfego de dados, outras conexões apenas entre microcontrolador e periféricos de baixa velocidade e poucos dados a serem trafegados. Tudo depende do que pretendemos realizar.

Tabela 3.1 Tipos de redes por cabos. *Os dois primeiros cabeamentos não carregam alimentação em seus cabos, no entanto os quatro últimos sim. Além dos sinais de dados, temos também a alimentação +V e GND.

Tipo	Estrutura	Velocidade
ETHERNET	8 fios	alta
RS 422	2 fios	baixa
USB	2 fios*	alta
Wiegand	2 fios*	baixa
SPI	4 fios*	baixa
I2C	2 fios*	baixa

6 - Redes sem fio

Uma rede sem fio é uma rede de computadores que usa conexões de dados entre os nós da rede, uma conexão via rádio ou infravermelho. A rede sem fio é um método pelo qual casas, redes de telecomunicações e instalações de negócios evitam o processo dispendioso de introduzir cabos no edifício ou uma conexão entre vários locais de equipamentos. Exemplos de redes sem fio incluem redes de telefonia celular, redes de área local (WLAN), redes de comunicação via satélite e redes de micro-ondas.

Com o desenvolvimento de vários protocolos para suporte de comunicações sem fios, de médio ou alto desempenho, como o Bluetooth ou o Wi-Fi, começou-se a pensar em um protocolo que respondesse às necessidades específicas de sensores e dispositivos de controle. Até então, os diversos fabricantes desse tipo de equipamentos adotavam soluções próprias, criando sérios problemas de interoperabilidade entre sistemas. As redes dedicadas à comunicação industrial, com informação circulante relativa a sensores (de temperatura, umidade, peso etc.) e dispositivos de controle (botoeiras, relés, entre outros), possuem, em sua generalidade, características bastante distintas das redes pessoais ou empresariais para transmissão de voz e dados. Em uma rede de âmbito industrial, não se privilegiará tanto uma elevada taxa de transferência de dados, mas sim uma latência[3] baixa, bem como um consumo de energia igualmente baixo, para preservar a vida útil das baterias em questão, para o caso dos sistemas portáteis, que são uma tendência forte. A palavra hoje muito usada é *mobile*, ou seja, ter mobilidade quando possível em um sistema.

Um grupo de trabalho do IEEE (Institute of Electrical and Electronics Engineers), responsável pelos standards IEEE 802.11, considera a existência de quatro grandes grupos, em termos de redes sem fios:

- ☒ **WPAN – Wireless Personal Area Network:** em que se enquadram tecnologias wireless de pequeno alcance, entre 10 e 100 metros.

- ☒ **WLAN – Wireless Local Area Network:** tecnologias que se destinam a redes sem fio com alcance situado entre 100 e 300 metros. Normalmente, são redes internas, frequentemente como extensão ou, até mesmo, alternativa às redes de cabeamento convencional (par de cobre, cabo coaxial ou fibra óptica).

---

3 Latência em redes significa atraso.

☒ **WMAN – Wireless Metropolitan Area Network:** o objetivo são os acessos de banda larga, em redes de âmbito metropolitano, geralmente em ambientes externos cujo alcance gira em torno de 6km.

☒ **WWAN – Wireless Wide Area Network:** esse grupo de redes tem um amplo e maior alcance, é orientado para oferecer serviços de telecomunicações (voz e dados), em longa distância de transmissão.

Tabela 3.2 Tipos de redes sem fio de conexão próximas.

Especificação	Débito	Consumo	Pilha protocolar	Vantagens	Principais aplicações
Wi-Fi (IEEE 802.11b/g)	54 Mbps	>400mA TX, standby 20mA	1 MB+	Elevada taxa de transferência	Internet, transferência de arquivos
Bluetooth (IEEE 802.15.1)	1 Mbps	>400mA TX, standby 0.20mA	≈250 KB	Interoperabilidade, substituição de cabos	Celulares, transferência de arquivos
ZigBee (IEEE 802.15.4)	100 kbps	30mA TX, standby 0.20uA	≈32 KB	Consumo, latência, n° de nós, fiabilidade	Sensores, dispositivos alimentados por bateria

7 - As redes sem fios mais populares

Na Tabela 3.2, pode-se verificar as características Wi-Fi, Bluetooth e ZigBee, resumidamente, de algumas das principais características dos standards wireless Wi-Fi, Bluetooth e ZigBee. O Wi-Fi, baseado sobre as normas da família IEEE 802.11, é um protocolo orientado para aplicações que requeiram um elevado débito, tais como a transferência de arquivos ou o acesso à internet e a conteúdos de mídia. Por outro lado, dados os objetivos desse protocolo, o suporte a sua pilha protocolar, em termos de hardware, é bastante mais exigente (podendo assumir a mesma um tamanho consideravelmente elevado). O consumo energético, especialmente quando em standby, é também claramente superior ao das outras tecnologias que aqui se comparam. Por ambos apresentarem débitos mais reduzidos em relação ao Wi-Fi, uma dúvida frequentemente surgida é se o Bluetooth e ZigBee são efetivamente protocolos "concorrentes". Segundo a própria ZigBee Alliance, o ZigBee foi desenvolvido para servir aplicações bastante distintas das do Bluetooth e, em especial, atentando-se a uma otimização máxima do consumo energético. Conforme se constata, efetivamente o protocolo ZigBee apresenta um consumo muito reduzido quando comparado com outras tecnologias.

O que tem ocorrido com o desenvolvimento de aplicações e dispositivos nessa área de conectividade é o abandono de sistemas proprietários distintos para dar lugar a um standard, que, ao ser compatível, proporciona evidentes vantagens de interoperabilidade e facilidade de uso com mais baixo custo.

Para ter sucesso, toda conectividade, nos dias de hoje, precisa estar dentro de padrões, digamos assim, "populares", pois o mercado tem procurado fugir de sistemas proprietários. As redes proprietárias estão fadadas a serem eliminadas. Desse modo, sempre que for construído um produto, deve-se procurar não desenvolver um protocolo próprio, mas sim utilizar o que o mercado tem a oferecer.

Em capítulos mais à frente, serão abordadas as análises com detalhes técnicos de algumas redes sem fio.

8 - Exercícios

1 – O que é uma rede de computadores?

R.: Um conjunto de computadores interligados entre si para um propósito bem definido.

2 – Qual é a diferença entre redes de computadores e protocolo de comunicação entre computadores?

R.: A rede de computador funciona sob um protocolo de comunicação. Para uma rede funcionar, ela precisa estar controlada por um protocolo de comunicação.

3 – Quais são as vantagens e desvantagens de uma rede cabeada?

R.: A vantagem primeira é o custo reduzido e altas taxas de velocidade, mas as desvantagens são a possibilidade de interferência elétrica e a passagem dos cabos.

4 – Quais são as vantagens e desvantagens de uma rede sem fio?

R.: A vantagem está na reduzida quantidade de equipamentos, e a desvantagem, em um primeiro momento, está em sua sensibilidade a objetos e obstáculos que podem atrapalhar a comunicação.

5 – Explique o modelo OSI?

R.: É uma normalização de estrutura de protocolo em sete camadas, a saber: física, enlace, redes, transporte, sessão, apresentação e aplicação.

CAPÍTULO 4

ESTRUTURAS DE CABEAMENTO

Neste capítulo, estudaremos os tipos de cabeamento mais usados em redes de dados, sua aplicabilidade, limitações e desempenho, além de analisar o meio físico muito utilizado para interconexão de redes entre computadores e hosts em geral.

Existem vários tipos de cabos no mercado, mas, neste capítulo, abordaremos os mais comuns e populares.

1 - Padrões IEEE 802.x

IEEE 802 é um grupo de normas que tem por objetivo padronizar as redes locais e metropolitanas nas camadas física e de enlace do modelo OSI. O protocolo ETHERNET está sendo tratado no IEEE 802.3 para quem deseja saber mais detalhes sobre sua estrutura. Todos esses padrões figuram na camada 2 do modelo OSI.

Abaixo, podemos ver cada um desses padrões:

☒ **IEEE 802.1:** gerência de rede.
☒ **IEEE 802.2**: Logical Link Control (LLC).

- ☒ **IEEE 802.3**: ETHERNET e especifica a sintaxe e a semântica Media Access Control (MAC)
- ☒ **IEEE 802.4**: Token Bus.
- ☒ **IEEE 802.5**: Token Ring.
- ☒ **IEEE 802.6**: redes metropolitanas.
- ☒ **IEEE 802.7**: MAN de banda larga.
- ☒ **IEEE 802.8**: fibra óptica.
- ☒ **IEEE 802.9**: Integração de Redes Locais
- ☒ **IEEE 802.10**: Segurança em Redes Locais (SI).
- ☒ **IEEE 802.11**: LAN sem fio (Wireless LAN).
- ☒ **IEEE 802.15**: Wireless Personal Area Network (Bluetooth).
- ☒ **IEEE 802.16**: Broadband Wireless Access (WiMAX).
- ☒ **IEEE 802.20**: Mobile Broadband Wireless Access (MobileFi).
- ☒ **IEEE 802.22**: Wireless Regional Area Network (WRAN).

Os padrões de propagação dos dados, ou seja, os que são regidos pelas normas IEEE 802.x precisam estar sustentados, digamos assim, por uma base, que seria o meio físico dessa propagação. Assim, podemos ver na próxima lista os tipos usados para transmissão e propagação, e o meio físico usado para o padrão ETHERNET. Alguns já estão em desuso por sua baixa velocidade e alto custo.

2 - Padrões físicos

- ☒ **10BASE-2:** cabo coaxial fino de 50 ohms a 10 Mbps. Limites: 30 nós por segmento, 5 segmentos de 185m (total 925m), distância mínima de 0,5m entre conectores.
- ☒ **10BASE-5:** cabo coaxial grosso de 75 ohms a 10 Mbps. Limites: 100 nós por segmento, 5 segmentos de 500m (total 2500m), distância mínima de 2,5m entre transceptores.
- ☒ **10BASE-F:** fibra óptica a 10 Mbps.
- ☒ **10BASE-T:** par trançado de 100 ohms a 10 Mbps. Limites: 1000 nós por segmento, 4 hubs (distância máxima de 100m entre hub e estação).
- ☒ **100BASE-T:** par trançado/fibra óptica a 100 Mbps.
- ☒ **100BASE-TX:** par trançado máximo de 100 Mbps, CAT 5.
- ☒ **1000BASE-T:** par trançado máximo de 1000 Mbps, CAT 5 ou CAT 6.

3 - Classificação dos cabos

Podemos classificar o cabeamento em três tipos básicos:

- ☒ Coaxial.
- ☒ Par trançado.
- ☒ Fibra óptica.

O cabeamento é a conexão efetuada entre as redes de computadores, bem como entre os equipamentos que precisam trocar informações. O primeiro tipo de cabeamento que surgiu foi o cabo coaxial. Há poucos anos, esse tipo de cabeamento era o que havia de mais avançado. Com o passar do tempo, por volta dos anos 90, o cabo coaxial foi ficando para trás com o surgimento dos cabos de par trançado. Esse tipo de cabo veio a se tornar muito usado devido a sua flexibilidade e pela necessidade de se ter um meio físico com uma taxa de transmissão mais elevada. Posteriormente, surgiram padronizações das interfaces e meios de transmissão, de modo a tornar o cabeamento independente da aplicação e do layout da rede, facilitando sua reconfiguração e expansão. No meio dessas duas tecnologias, aparece a fibra óptica como algo totalmente fora da estrutura da corrente elétrica ao ter o sinal óptico de transmissão.

4 - Cabo coaxial

Basicamente, o cabo coaxial é usado para transmitir sinais elétricos para diferentes aplicações, e no passado foi usado para redes de dados. Esse tipo de cabo é constituído de uma forma que ele tenha, internamente, um fio de cobre condutor, revestido por um material isolante e por uma malha cuja função é a de blindar o cabo contra interferências eletromagnéticas.

Os conectores mais usados para esse tipo de cabo são os BNC e o RCA, mas estão atualmente limitados a aplicação de circuito fechado de TV (CFTV), não sendo assim mais usados para dados, pois foram trocados por cabos STP ou também por cabos de fibra óptica.

Atualmente, o cabo coaxial está fortemente limitado a aplicações de áudio e vídeo devido ao fato de ter um baixo índice de interferências de sinais externos sobre os sinais a serem transmitidos que chamamos de fenômenos de IEM (Interferência Eletromagnética).

Os cabos coaxiais são usados em várias aplicações, desde áudio até linhas de transmissão de frequências da ordem dos gigahertz. A velocidade de transmissão é bastante elevada devido à tolerância aos ruídos, graças à malha de proteção que existe nesses cabos.

Os cabos coaxiais são utilizados nas topologias físicas chamadas de barramento e são usados em diferentes aplicações:

☒ Sistemas de áudio.

☒ Redes de computadores de baixa velocidade, transmissão é de 10 Mbps.

☒ Sinais de radiofrequência para sistemas rádio e TV.

☒ Ligações de sistemas de rádio em sistemas de telecomunicações.

A malha é metálica, criando, dessa forma, uma espécie de Gaiola de Faraday, isolando o condutor interior de interferências, ocorrendo também o inverso, ou seja, frequências e dados que circulam pelo condutor não atingem o exterior, devido justamente ao isolamento da malha, assim não interferindo em outros equipamentos.

Quando as frequências são muito elevadas, por exemplo em transmissões de dados em uma rede de computadores, a condução passa a ser superficial. Para aumentar a superfície de condução, a malha condutora é constituída por múltiplos condutores de seção reduzida, e a área da superfície de condução é o somatório da superfície de cada um desses pequenos condutores. Diminui-se, dessa maneira, a resistência da malha condutora.

O cabo coaxial é dividido em dois grupos, a saber: cabo coaxial fino (thinnet) ou, como é conhecido, cabo coaxial 10BASE2; e o antigo cabo coaxial grosso (thicknet) ou cabo coaxial 10BASE5.

Figura 4.1 Cabo coaxial.

5 - Par trançado

O cabo par trançado, devido a sua popularidade oferecida de custo/benefício, pode ser encontrado em duas formas UTP e STP, em que o primeiro não tem uma blindagem eletrostática, sendo usado em ambientes menos agressivos — eletricamente falando, enquanto o outro é usado em ambientes eletricamente mais agressivos.

☒ **Par trançado sem blindagem – UTP:** largamente utilizado tanto em redes domésticas, como também em grandes redes industriais, devido a fácil manuseio e instalação, permitindo taxas de transmissão de até 100 Mbps com a utilização do cabo CAT 5e.

Esse cabeamento tem um baixo custo para distâncias de até 100 metros, pois, para distâncias maiores, é aconselhável utilizar cabos de fibra óptica ou replicar com um repetidor. No lugar do repetidor, é muito usado um switch de poucas portas para funcionar como repetidor.

Sua estrutura interna é de quatro pares de fios entrelaçados e revestidos por uma capa de PVC. Pela falta de blindagem, ou seja, uma malha de aterramento, esse tipo de cabo não é recomendado que seja instalado próximo a equipamentos que gerem campos magnéticos, tais como fios de rede elétrica, inversores de frequência, motores etc. Também não se recomenda a instalação em ambientes com elevadas taxas de umidade.

Figura 4.2 Cabos UTP.

☒ **Par trançado blindado – STP:** é semelhante ao UTP, porém possui uma blindagem feita com malha metálica cobrindo o cabo como um todo. É largamente recomendada sua utilização em ambientes com interferência eletromagnética acentuada. Por causa de sua blindagem especial em cada par, acaba tendo seu custo um pouco mais elevado. Caso o ambiente possua umidade, grande interferência eletromagnética, distâncias acima de 100 metros ou exposto diretamente ao sol, aconselha-se a utilização de cabos de fibra óptica.

O cabo STP tem sua montagem um pouco mais elaborada, o que permite usá-lo em ambientes eletricamente mais agressivos e, devido a essa blindagem, seu custo torna-se um pouco mais alto.

Na Figura 4.3, podemos ver um exemplo de cabo STP.

Figura 4.3 Cabos STP.

Atualmente, os cabos UTPs estão muito difundidos para construção de redes, sejam residenciais, acadêmicas ou empresariais, assim é, sem dúvida no momento, a melhor solução para a construção de uma rede ETHERNET. Na Figura 4.4, podemos ver um típico cabo de redes par trançado e suas características básicas.

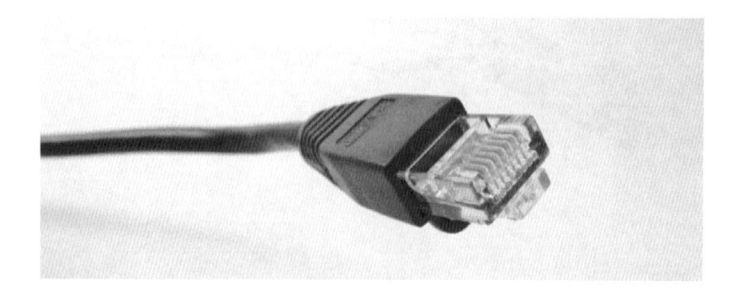

Fonte: Pixabay, autor Michael Schwarzenberger.

Figura 4.4 Cabo de par trançado.

Os cabos UTP ou STP seguem um padrão de construção, em função da velocidade que podem ser utilizados. Na Figura 4.5, podemos ver as categorias mais usadas no momento e suas características.

Categoria de Desepenho de Cabos Pares Trançados			
Categoria	Tipo de cabo (*)	Largura de Banda	Taxa de Transmissão
Cat. 3	U/UTP e F/UTP	16 MHz	16 Mbps
Cat. 5e	U/UTP e F/UTP	100 MHz	1 Gbps
Cat. 6	U/UTP e F/UTP	250 MHz	1 Gbps
Cat. 6A	U/UTP e F/UTP	500 MHz	10 Gbps
Cat. 7	F/UTP e S/UTP	600 MHz	10 Gbps
Cat. 7A	F/UTP e S/UTP	1 GHz	10 Gbps
Cat. 8 (**)	F/UTP e S/UTP	2 Ghz	40 Gbps

(*) Cabos Reconhecidos   (**) Em estudo pelo IEEE

Figura 4.5 Tabela das categorias de cabos ETHERNET.

6 - Categorias

Os cabos UTP e STP foram padronizados pelas normas da EIA/TIA-568-B e são divididos em dez categorias, levando em conta o nível de segurança e a bitola do fio, em que os números maiores indicam fios com diâmetros menores, veja abaixo um resumo simplificado dos cabos UTP. Na Tabela 4.1, temos as categorias atuais de cabos ETHER-NET e suas características de velocidade.

Tabela 4.1 Estrutura dos cabos.

Nome	Padrão	Largura de banda	Aplicações	Notas
CAT 1		0.4 MHz	Telefonia e linhas de modem.	Não é descrita nas recomendações da EIA/TIA. Obsoleto.
CAT 2		4 MHz	Sistemas legados, IBM 3270.	Não é descrita nas recomendações da EIA/TIA. Obsoleto.
CAT 3	UTP	16 MHz	10BASE-T e 100BASE--T4 ETHERNET.	Descrito na EIA/TIA-568. Não recomendado para taxas maiores que 16 Mbits/s. Cabos de telefonia.

Nome	Padrão	Largura de banda	Aplicações	Notas
CAT 4	UTP	20 MHz	16 Mbits/s Token Ring.	Obsoleto.
CAT 5	UTP	100 MHz	100BASE-TX & 1000BASE-T ETHER-NET.	Totalmente substituído pelo 5e.
CAT 5e	UTP	125 MHz	100BASE-TX & 1000BASE-T ETHER-NET.	Melhoria da CAT 5.
CAT 6	UTP	250 MHz	10GBASE ETHERNET	
CAT 6a	U/FTP, F/UTP	500 MHz	10GBASE-T ETHER-NET.	Adiciona blindagem. ISO/IEC 11801:2002.
CAT 7	F/FTP, S/FTP	600 MHz	Telefonia, CCTV, 1000BASE-TX no mesmo cabo. 10GBA-SE-T ETHERNET.	Cabo blindado. ISO/IEC 11801 2nd Ed.
CAT 7a	F/FTP, S/FTP	1000 MHz	Telefonia, CATV, 1000BASE-TX no mesmo cabo. 10GBA-SE-T ETHERNET.	Usa os 4 pares. ISO/IEC 11801 2nd Ed. Am. 2.
CAT 8.1	U/FTP, F/UTP	1600-2000 MHz	Telefonia, CATV, 1000BASE-TX no mesmo cabo. 40GBA-SE-TETHERNET.	Em desenvolvimento.
CAT 8.2	F/FTP, S/FTP	1600-2000 MHz	Telefonia, CATV, 1000BASE-TX no mesmo cabo. 40GBA-SE-T ETHERNET.	Em desenvolvimento.

7 - Cores

Dentro do cabo ETHERNET, existem 8 fios codificados por cores. Esses fios são torcidos em 4 pares de fios, cada par tem uma cor básica representativa. Um fio no par é um fio sólido ou, principalmente, de cor sólida, e o outro é, principalmente, um fio branco com uma faixa colorida (às vezes, os cabos ETHERNET não têm cor no fio listrado, a única maneira de saber qual é qual é verificando o fio que está torcido ao redor). Exemplos dos esquemas de nomenclatura usados são: laranja (alternativamente laranja/branco) para o fio colorido sólido e branco/laranja para o cabo listrado. As torções são extremamente importantes, pois estão lá para neutralizar o ruído e a interferência. É importante conectar de acordo com um padrão para obter o desempenho adequado do cabo ETHERNET.

O TIA/EIA-568-A especifica dois padrões de fiação para um conector modular de 8 posições, como o RJ45. Os dois padrões de fiação, T568A e T568B, variam apenas no arranjo dos pares coloridos. A norma EIA/TIA-568-B prevê duas montagens para os cabos, denominadas T568A e T568B. A montagem T568A usa a sequência branco e verde; verde, branco e laranja; azul, branco e azul; laranja, branco e castanho; castanho.

A montagem T568B usa a sequência branco e laranja; laranja, branco e verde; azul, branco e azul; verde, branco e castanho; castanho.

As duas montagens são totalmente equivalentes em termos de desempenho, cabendo ao montador escolher uma delas como padrão para sua instalação. É boa prática que todos os cabos dentro de uma instalação sigam o mesmo padrão de montagem.

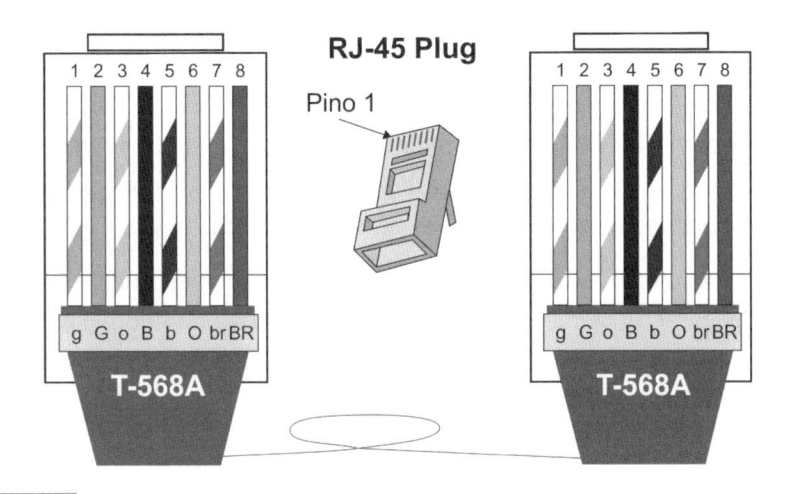

Figura 4.6 Estrutura de cores do cabo UTP e STP.

Também é necessário se preocupar com os limites de comprimento para esse tipo de cabo. Quando for utilizado para transmissão de dados em ETHERNET, Fast ETHERNET ou Gigabit ETHERNET, o limite para o enlace, ou seja, a distância entre os equipamentos nas duas pontas do cabo, é de no máximo 100 metros. Mas, caso seja necessário interligar equipamentos a distâncias maiores, é preciso usar repetidores entre os espaços ou, então, instalar uma ponte de rede ou até mesmo um switch no meio do caminho, de forma que cada enlace tenha no máximo 1000 metros.

Em outras aplicações que não sejam transmissão de dados, podemos ter limites diferentes para o tamanho máximo do cabo, porém é necessário analisar caso a caso, para verificar a atenuação do sinal, interferência eletromagnética, entre outros eventos.

8 - Fibra óptica

Conceitualmente, a fibra óptica é um cabo feito de vidro ou plástico flexível muito fino (próximo a um fio de cabelo) que tem a propriedade de conduzir luz pelo processo de reflexão interna no condutor, permitindo uma qualidade de transmissão muito alta — senão é a melhor existente atualmente no mercado.

A fibra óptica se popularizou e muito nos meios de comunicação, principalmente nas redes de dados, devido a sua total imunidade a ruídos e altas taxas de velocidade. Podemos classificar as fibras ópticas basicamente em duas categorias, ou seja, monomodo ou multimodo, porém, devido à popularização das fibras, vamos encontrar atualmente mais estruturas com fibras monomodo do que multimodo, porque essa última é mais lenta e de distância de propagação reduzida, contudo, também, de custo mais reduzido.

Para efeito de comparação, as fibras multimodo permitem um alcance de até 550 metros na Gigabit ETHERNET e 300 metros na 10 Gbits, enquanto as fibras monomodo podem atingir até 80km no padrão 10 Gbit. Essa diferença faz com que as fibras multimodo sejam utilizadas mais em conexões de curta distância.

Existem basicamente dois tipos de fibras ópticas no mercado, os quais possuem suas próprias características. A mais comum é a fibra monomodo — muito usada em ambientes externos —, que permite longos lances de cabos com baixa perda de sinal e altas velocidades, com um custo um pouco maior. A outra fibra é a multimodo, de custo um pouco mais baixo e distância limitada a 2km em média — muito usada em redes LAN internas.

Fonte: Pixabay, autor Michael Schwarzenberger

Figura 4.7 Exemplo de um cabo óptico.

8.1 Monomodo

☒ Permite o uso de apenas um sinal de luz pela fibra.

☒ Tem núcleo de 8 a 9µm e casca de 125µm.

☒ Alcance muito maior que a multimodo.

☒ Dimensões menores que os outros tipos de fibras.

☒ Maior banda passante por ter menor dispersão.

☒ Utiliza comprimentos de ondas de 1310 ou 1550nm.

☒ Geralmente é usado laser como fonte de geração de sinal.

8.2 Multimodo

☒ Tipo mais comum em cabeamentos locais.

☒ Tem núcleo de 50 ou 62,5µm (equivale à milésima parte do milímetro) e uma casca protetora de 125µm.

☒ Permite o uso de fontes luminosas como LEDs (mais baratas).

☒ Alcance limitado de 2km para cabeamento estruturado.

☒ Diâmetros grandes facilitam o acoplamento de fontes luminosas e requerem pouca precisão nos conectores; portanto, mais baixo custo.

☒ Muito usado para curtas distâncias, pelo preço e facilidade de implementação, pois quando a longa distância tem muita perda do sinal transmitido.

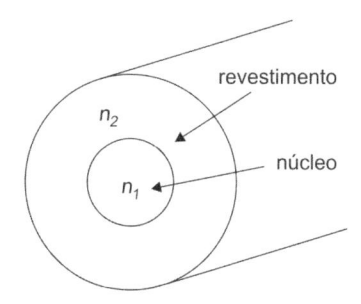

Figura 4.8 Representação de uma fibra óptica.

8.3 Geometria da fibra óptica

A fibra óptica é constituída de um núcleo de forma cilíndrica, feita essencialmente de vidro, e tem pelo lado de dentro um material que tem o menor índice de refração possível, proporcionando uma grande e eficaz reflexão da luz que por ali vai se propagar. Assim, temos o núcleo para a propagação, a casca para o envolvimento do núcleo e, por fim, uma capa de plástico que tem a função de dar segurança e proteção à fibra propriamente dita que é de vidro.

Os cabos de fibra não são fornecidos de forma isolada, mas em forma de pares, pois uma fibra transmite e outra recebe os sinais. Entretanto, normalmente, a utilização de um cabo de fibra contém vários pares, em que alguns ficam de reserva para o caso de danificação, pois sua emenda tem custo alto.

8.4 Funcionamento

O processo de transmissão da luz na fibra utiliza-se de uma técnica chamada refração, pois segue um único caminho dentro do condutor, isto é, ele é "espelhado" internamente na fibra. O feixe de luz é emitido numa extremidade da fibra que, por refração, percorre todo o caminho interno da mesma até a outra extremidade.

Dizemos que a transmissão da luz propriamente dita ocorre no núcleo da fibra.

A diferença de índice de refração dentro da fibra propicia essa transmissão de forma eficaz, devido à existência de uma diferença entre o revestimento e o núcleo. Essa diferença permite o que chamamos de reflexão total da luz.

Assim, a luz que é mantida dentro do núcleo da fibra, e através de reflexão interna contínua, propaga-se de forma acentuada. Essa característica lembra muito as guias de onda usadas em sistemas de transmissão de sinais de micro-ondas, porém não estamos falando de onda eletromagnética, mas sim de luz.

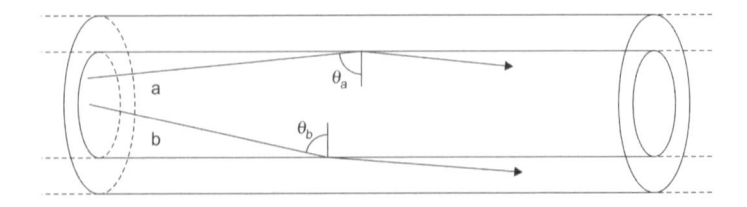

Figura 4.9 Representação de dois raios de luz se propagando dentro de uma fibra óptica.

Na Figura 4.9, percebe-se o fenômeno da reflexão total no feixe de luz "a". Dessa forma, fica claro a propagação da luz dentro da fibra, pois ocorre por meio de sucessivas refrações internas até a chegada na outra ponta do cabo.

8.5 Transmissão

Uma característica importante nesse meio físico é que a luz propagada dentro da fibra ótica foi concebido para permitir um alcance em taxas de transmissão muito elevada, dentro da ordem de 109 a 1010 bits/s,— cerca de 40 Gbps — e por ser luz refletida, a atenuação em função da distância é muito baixa, ou seja, a perda é muito baixa, estando aí o sucesso total da fibra óptica.

> É importante lembrar que as velocidades de transmissão total possíveis ainda não foram alcançadas pelas tecnologias existentes, porque a luz, ao se propagar no interior de um meio físico, sofre ainda o fenômeno de reflexão, não conseguindo alcançar a velocidade de propagação no vácuo, que é de cerca de 300.000km/s.

Para a transmissão e recepção de dados por fibra óptica, são necessários equipamentos especiais que contêm um componente fotoemissor de um lado, que pode ser um diodo emissor de luz ou um diodo laser e, do outro lado, temos um diodo fotorreceptor. O fotoemissor converte sinais elétricos em pulsos de luz que representam os valores digitais binários (0 e 1) e o fotorreceptor converte novamente o sinal luminoso em sinal elétrico.

Algumas tecnologias existentes, como WDM, fazem a multiplexação de vários comprimentos de onda em um único pulso de luz, chegando a taxas de transmissão de 1,6 Tbits/s, em um único par de fibras óptica.

9 - Exercícios

1 – Qual é a diferença entre cabos STP e UTP?

R.: Enquanto o STP tem uma malha de proteção eletrostática, o UTP não a tem.

2 – O que significa CAT 5?

R.: Um tipo de cabeamento que permite transmissão em 100 Mbps.

3 – Onde usar fibra e onde usar cabo?

R.: A decisão fica no aspecto econômico, distância entre os pontos a serem atingidos e no nível de ruídos elétricos existente no local.

4 – Por que não mais usar cabo coaxial?

R.: Uma tecnologia de velocidade muito baixa, com custo alto e imunidade a ruídos baixa.

5 – Qual é a diferença entre fibra óptica monomodo e multimodo no sentido de desempenho?

R.: A fibra monomodo permite altas taxas de transmissão e longo alcance, enquanto a multimodo médias taxas de velocidade e curto alcance.

CAPÍTULO 5

PROTOCOLO ETHERNET

Neste capítulo, abordaremos o mais famoso protocolo de comunicação utilizado em redes locais, o protocolo ETHERNET, que está, sem dúvida nenhuma, presente nas residências, comércio e indústria.

De funcionalidade simples e fácil implementação, tornou-se um padrão para redes no mundo todo. Ocorre, nesse protocolo de nível físico, uma evolução que fez com que ele não tenha se tornado obsoleto.

1 - Protocolo ETHERNET: evolução

O protocolo ETHERNET foi desenvolvido na Xerox Palo Alto Research Center (PARC) entre 1973 e 1974 e foi inspirado no protocolo ALOHAnet, que Robert Metcalfe estudou como parte de sua tese de doutorado na época.

Em 1975, a Xerox arquivou um pedido de patente listando Metcalfe, David Boggs, Chuck Thacker e Butler Lampson como inventores desse protocolo. Em 1976, depois que o sistema foi implantado na PARC, Metcalfe e Boggs publicaram em um artigo seu desenvolvimento. No mesmo ano, Ron Crane, Bob Garner e Roy Ogus facilitaram a atualização do protocolo original de 2,94 Mbit/s para o protocolo de 10 Mbit/s, que foi lançado no mercado em 1980 com muito sucesso.

Metcalfe retirou-se da Xerox em junho de 1979 para formar a 3Com. Ele convenceu a Digital Equipment Corporation (DEC), Intel e a Xerox a trabalharem em conjunto para que a ETHERNET se tornasse um protocolo padrão internacional para as redes locais.

O primeiro padrão fora publicado, em setembro de 1980, como a ETHERNET: uma rede de área local, camada de enlace de dados e especificações da camada física – o chamado padrão DIX (Digital Intel Xerox) específico de ETHERNET de 10 Megabits, com endereços de destino e de origem de 48 bits e um campo global do tipo EtherType de 16 bits. A versão 2 foi publicada em novembro de 1982 e define o que ficou conhecido como ETHERNET II. Esforços formais de padronização prosseguiram e resultaram na publicação do IEEE 802.3, em 23 de junho de 1983, que é a ETHERNET como a conhecemos hoje, mas com velocidade maior.

2 - Protocolo ETHERNET e sua estrutura

ETHERNET é uma família de tecnologias de protocolos para rede de computadores comumente usadas em redes locais (LAN), redes de área metropolitana (MAN) e redes de longa distância (WAN).

Foi introduzido comercialmente em 1980, padronizado pela primeira vez em 1983 como IEEE 802.3 e, desde então, manteve uma boa dose de compatibilidade retroativa, tendo sido reformado para suportar taxas de bits mais altas e distâncias de link mais longas. Com o passar do tempo, a ETHERNET substituiu amplamente as tecnologias LAN com fio concorrentes, como ARCNET, Token Ring e FDDI.

A ETHERNET 10BASE5 original usa o cabo coaxial como um meio compartilhado, enquanto as novas variantes ETHERNET usam par trançado e links de fibra óptica em conjunto com switches. Ao longo de sua história, as taxas de transferência de dados ETHERNET foram aumentadas de 2,94 Megabits por segundo (Mbit/s) para os mais recentes 400 Gigabits por segundo (Gbit/s). Os padrões ETHERNET compreendem muitas variantes de fiação e sinalização da camada física OSI em uso com ETHERNET.

Os sistemas que se comunicam pela ETHERNET dividem um fluxo de dados em partes menores chamadas quadros. Cada quadro contém endereços de origem e destino e dados de verificação de erros, para que os quadros danificados possam ser detectados e descartados; na maioria das vezes, os protocolos de camada superior acionam a retransmissão de quadros perdidos. De acordo com o modelo OSI, a ETHERNET fornece serviços incluindo a camada de enlace de dados. O endereço MAC de 48 bits foi adotado por outros padrões de rede IEEE 802, incluindo IEEE 802.11 Wi-Fi, bem como por FDDI, e os valores EtherType também são usados em cabeçalhos SNAP (Subnetwork Access Protocol). O Internet Protocol (IP) é comumente transmitido pela ETHERNET e, portanto, é considerado uma das principais tecnologias que compõem a internet.

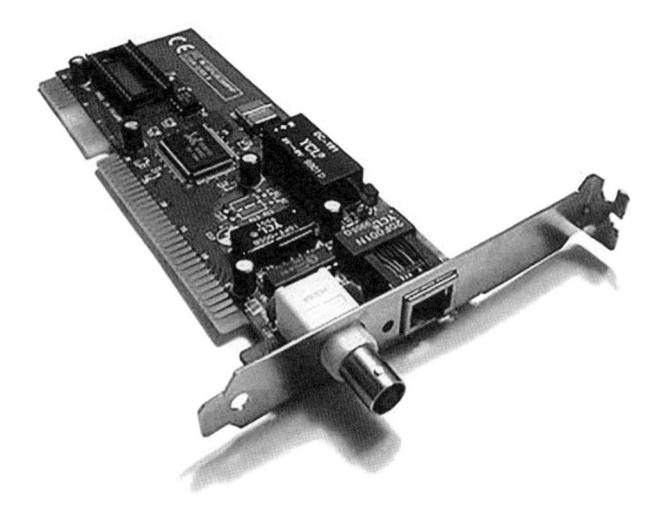

Figura 5.1 Uma placa de rede ETHERNET típica com conectores BNC e RJ-45.

3 - Funcionamento

Os atuais padrões para o protocolo ETHERNET são basicamente os seguintes:

- ☑ **10BASE-T ETHERNET:** 10 Mbits/segundo.
- ☑ **Fast ETHERNET:** 100 Mbits/segundo.
- ☑ **Gigabit ETHERNET:** 1 Gbits/segundo.
- ☑ **10 Gigabits ETHERNET:** 10 Gbits/s.

4 - Protocolo ETHERNET em meio compartilhado CSMA/CD

O sistema que é conhecido com o nome de Carrier Sense Multiple Access with Collision Detection (CSMA/CD) organiza o formato como os hosts e computadores compartilham o meio de comunicação para evitar as colisões. O processo é muito simples em sua concepção, ao se comparar com os sistemas usados pelas redes Token Ring ou outras redes que têm um de controlador central como administrador. Quando um computador precisa enviar algum dado, ele deve seguir o seguinte algoritmo:

- ☑ Ele verifica se o meio de comunicação ou também chamado de canal, está livre, sem comunicação alguma; então, inicia-se uma transmissão, caso contrário, salta para o passo 4 e aguarda.
- ☑ Ao iniciar a transmissão dos dados do que se deseja enviar, se uma colisão é então verificada, a transmissão deverá continuar até que, dentro de um tempo mínimo, o pacote seja alcançado, pois isso garantirá que todos os outros hosts que precisam transmitir ou receber dados detectem que ocorreu uma colisão; então, vai para o passo 4, para aguardar que o canal esteja livre novamente.
- ☑ Fim de transmissão com total sucesso, informando para as camadas de rede superiores que se obtve sucesso na transmissão e, com isso, saindo do modo de transmissão.
- ☑ Se o meio de comunicação está ocupado, é necessário esperar até que esteja livre para iniciar uma comunicação, na qual se transmitirá um pacote de dados.
- ☑ Ficando o canal livre, espera-se em um tempo configurado para ser aleatório e retorna para o passo 1, mas, se o número máximo de tentativa de transmissão tenha sido excedido, acarretará uma lentidão maior na comunicação e uma parada total da troca de informação.
- ☑ Se o número de tentativas de transmissão foi excedido, o protocolo informa essa presente falha para o computador nas camadas superiores da rede, em seguida sai do modo de transmissão e aguarda.

No início da utilização do protocolo ETHERNET, fazia-se, realmente, um compartilhamento via um cabo coaxial, por onde circulava por todo o prédio, em toda a rede, para interligar cada equipamento comumente chamado de hosts.[1]

---

1 O termo host será sempre empregado para se desvincular da ideia de serem apenas computadores pessoais (PC) que se ligam em redes. Atualmente, temos câmeras em redes, como também dispositivos industriais, residenciais e comerciais que se conectam em um cabeamento de redes.

No sistema baseado em cabos coaxiais, os computadores ou hosts são conectados a uma unidade transceiver, ou também chamados de AUI (Attachment Unit Interface). Esse sistema funcionou por um período, mas foi logo retirado para dar lugar à conexão via hub, que realiza uma distribuição mais adequada para os ambientes chamados de estrela.

Apesar de o cabo coaxial ser uma estrutura simples, poderia ser uma solução bastante satisfatória para pequenas ETHERNETs, pois não é propício para grandes corporações que precisam de grandes redes, nas quais, se ocorrer defeito em qualquer um dos pontos do cabo da rede ou em um único conector dessa rede, fará com que toda a ETHERNET pare. Isso era chamado de redes em barramentos.

Na rede que está em funcionamento, em que todo o processo de comunicação acontece no mesmo cabo, qualquer informação que fosse enviada por um host ou computador é recebida por todos os outros que fazem parte dessa rede, mesmo que a informação enviada fosse destinada para um destinatário específico da rede. A placa de interface de rede descarta, então, a informação não endereçada a ela, isso é feito verificando o endereço MAC do pacote recebido e interrompendo a CPU somente quando pacotes aplicáveis a essa rede são recebidos. Esse processo exclui se a placa estiver colocada em seu modo de comunicação chamada de promíscua, ou seja, ela vai receber qualquer pacote sem verificar o endereço de destino. Isso é muito usado quando estamos realizando testes na rede para observar velocidade, pacotes que podem estar gerando problemas etc. Essa forma em que **um computador fala e todos os outros computadores escutam** define um meio de compartilhamento de ETHERNET com baixa segurança, também chamado de barramento, pois um nó na rede ETHERNET pode escutar de forma escondida, por assim dizer, todo o tráfego da rede, se assim for desejado.

Usar um único[2] cabo para a comunicação vai acarretar que a largura de banda (bandwidth) fique totalmente compartilhada, de forma que o tráfego nessa rede pode ficar muito lento quando, por exemplo, a rede como um todo precisa ser reinicializada após uma interrupção da alimentação da mesma. Nesse caso, toda a rede ficaria comprometida. Os hubs eram, na época, os equipamentos usados para essa distribuição, assim tínhamos uma rede estrela que, na verdade, funcionava, internamente no hub, como uma rede de barramento.

---

2 Único cabo para comunicar é o que chamamos de estrutura de barramento. Atualmente, o mais usado é a estrutura estrela.

7	1	6	6	2	46 a 1500	4
Preâmbulo	Delimitador de Início de Quadro	Endereço Destino	Endereço Origem	Comprimento	802.2 Cabeçalho e Dados	Sequência de Verificação de Quadro

Figura 5.2 Estrutura do protocolo ETHERNET.

Os principais campos de um quadro ETHERNET são:

☑ **Campos Preâmbulo e Delimitador de início de quadro:** os campos Preâmbulo (7 bytes) e Delimitador de início de quadro (1 byte) são usados para sincronizar os dispositivos no envio e recebimento dos dados. Esses primeiros 8 bytes do quadro são usados para chamar a atenção dos pontos que atuam como receptores. Eles são os inicializadores do pacote ou header.

☑ **Campo Endereço MAC de destino:** esse campo de 6 bytes é o identificador do destinatário desejado que tem um endereço chamado MAC. Esse endereço é usado pela camada 2 do modelo OSI, para que a placa de rede identifique se o quadro é endereçado a eles ou não. O endereço no quadro é comparado ao endereço MAC no host ou computador; então, se ocorrer que o endereço seja o mesmo, ele aceitará esse quadro.

☑ **Campo Endereço MAC de origem:** esse campo de 6 bytes identifica a placa de rede ou a interface de origem do quadro.

☑ **Campo Comprimento:** no padrão IEEE 802.3, o campo comprimento define o comprimento exato do campo de dados de cada quadro. Isso é usado, posteriormente, como parte do FCS para garantir que a mensagem será recebida corretamente do outro lado.

☑ **Campo Dados:** esse campo (46 a 1500 bytes) contém os dados que estão encapsulados para um nível superior, que vamos analisar logo à frente ou, mais comumente, um pacote IPv4 ou IPv6. Todos os quadros devem ter pelo menos 64 bytes de comprimento no mínimo. Se um pacote pequeno for encapsulado, os bits adicionais, chamados de pad, serão usados para aumentar o tamanho do quadro até obter um tamanho mínimo exigido pela norma.

☑ **Campo Sequência de verificação de quadro:** o campo sequência de verificação de quadro (FCS) (4 bytes) é usado para detectar erros no quadro que está sendo enviado ou recebido. Ele usa uma verificação de redundância cíclica (CRC). O dispositivo emissor inclui os resultados de uma CRC no campo FCS do quadro. O dispositivo receptor recebe esse quadro e gera uma CRC para verificar possíveis erros. Se o cálculo der erro, o quadro será descartado e solicitado novamente.

5 - Endereço MAC

Os protocolos de rede compartilhada como ETHERNET, FDDi, Token Ring entre outros possuem um endereço próprio para identificar os diversos computadores e hosts da rede. Em ETHERNET e Token Ring, o endereçamento utilizado é chamado de endereço físico ou endereço MAC, que significa Medium Access Control, formado por 6 bytes, conforme a Figura 5.3.

Esse tipo de endereçamento é útil para identificar os computadores que se situam na rede dentro de seu aspecto de primeiro nível do modelo OSI, ou seja, nível físico, não possuindo nenhuma informação capaz de distinguir redes diferentes. Para que um host ou computador tradicional que tenha um protocolo IP envie um pacote para outro computador situado na mesma rede, ele deve se basear no protocolo da rede local em primeiro lugar, assim descobrindo o computador de destino, para, então, em um segundo momento, subir para o próximo nível, no qual teremos o endereço lógico ou IP – já que é necessário saber o endereço físico dentro da estrutura para atingir o destino. Como o protocolo IP só identifica uma máquina pelo endereço IP, precisa existir um mapeamento entre o endereço IP do computador e o endereço de sua placa de rede, ou seja, de seu endereço de rede MAC. Esse mapeamento é realizado pelo protocolo ARP.

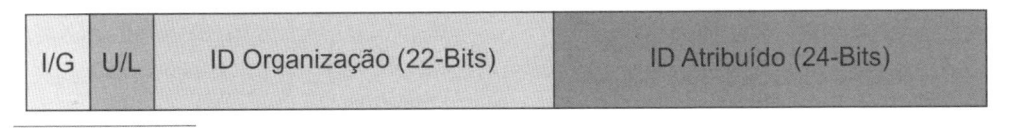

I/G	U/L	ID Organização (22-Bits)	ID Atribuído (24-Bits)

Figura 5.3 Estrutura MAC.

O mapeamento via protocolo ARP só é necessário em uma rede do tipo compartilhada como ETHERNET, FDDI, Token Ring etc. Em uma rede do tipo ponto a ponto como, por exemplo, uma conexão do serial RS232C, o protocolo ARP não é necessário, já que só existe um único destino possível.

6 - Gigabit ETHERNET

O cabeamento para Gigabit, também chamado de Fast ETHERNET, tem se popularizado muito devido a seu baixo custo e alta velocidade proporcionada.

O Gigabit ETHERNET é padronizado pelo grupo de trabalho da IEEE 802.3z, que desenvolve padrões dentro dos seguintes objetivos:

☑ Que permitam executar operações half-duplex e full-duplex em velocidades de 1.000 Mbps.

☑ Que utilizem o formato do quadro ETHERNET 802.3.

☑ Que utilizem o método de acesso CSMA/CD, com suporte para um repetidor por domínio de colisão.

☑ Que possa oferecer compatibilidade com tecnologias 10BASE-T e 100BASE-T.

A Figura 5.4 nos mostra como são transmitidos os dados de 1000 Mbps, ou seja, 250 Mbps em cada par de fio.

O cabo para redes ETHERNET tem suas particularidades de construção. No passado, usava-se o cabo coaxial, mas, pela limitação de velocidade, atualmente usam-se os cabos chamados par trançado e fibra óptica, mas isso sob o protocolo ETHERNET.

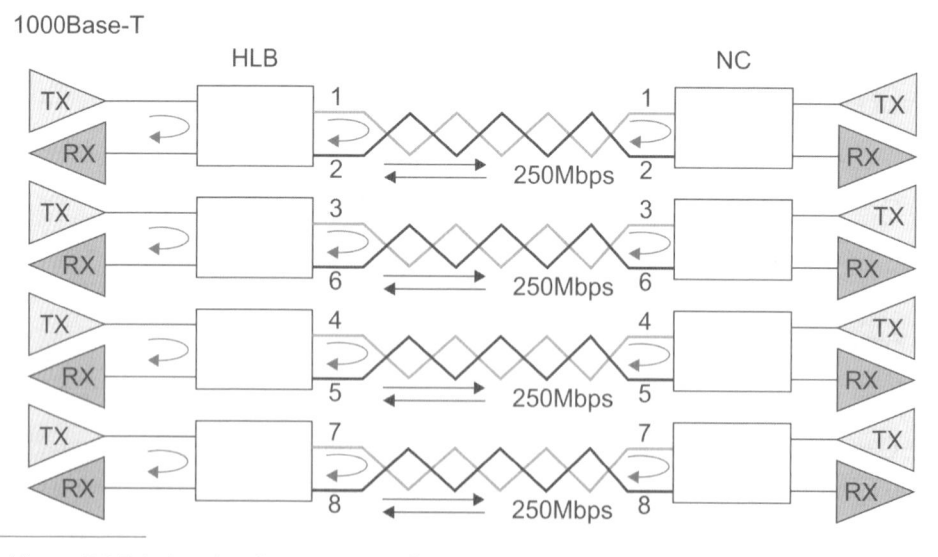

Figura 5.4 Estrutura do cabeamento para Gigabit.

7 - Hubs e switchs

Inicialmente, as redes dentro do protocolo ETHERNET realizavam a distribuição nas estações através de hubs, que, no começo, tinha uma operação satisfatória, pois as velocidades das redes eram baixas, mas, com a evolução das velocidades, esse sistema de broadcasting, ou seja, enviar o sinal para todas as estações ao mesmo tempo e somente aquela que tem o endereço apropriado MAC reter a informação, passou a se tornar lento, exigindo uma nova forma de compartilhar as informações. Dessa forma, nasceram os switchs, que realizam o envio dos dados para as estações que têm o endereço MAC específico. Existem switchs que trabalham em um nível acima, enviando para a estação que contém o endereco IP destinado.

Os hubs operam na camada 1, ou camada física, da rede enquanto os switchs operam na camada 2 ou camada de enlace — temos alguns switchs que chegam a trabalhar na camada 3 de rede também.

Por muito tempo, ficamos na ETHERNET por cabo compartilhada, que é sempre difícil de instalar nos escritórios, porque sua topologia de barramento está em conflito com os planos de cabo de topologia em estrela projetados em prédios para telefonia. A modificação da ETHERNET para atender a fiação telefônica de par trançado já instalada em prédios comerciais forneceu outra oportunidade para reduzir custos, expandir a base instalada e alavancar o projeto de edifícios e, assim, a ETHERNET de par trançado foi o próximo desenvolvimento lógico em meados dos anos 80.

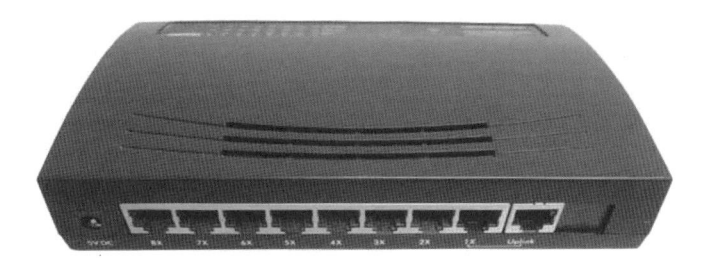

Figura 5.5 Switch tradicional usado na indústria e comércio. **Fonte:** Pixabay, autor Succo.

A ETHERNET em cabos de par trançado sem blindagem (UTP) começou com StarLAN a 1 Mbit/s, em meados dos anos 80. Em 1987, a SynOptics introduziu a primeira ETHERNET de par trançado a 10 Mbits/s, em uma topologia de cabeamento com fio, com um hub central, mais tarde chamado de LattisNet. Eles evoluíram para o 10BASE-T, que foi projetado apenas para links ponto a ponto, e todas as terminações foram incorporadas no dispositivo. Isso mudou os repetidores de um dispositivo especialista usado no centro de grandes redes para um dispositivo que toda rede baseada em par trançado com mais de duas máquinas tinha de usar. A estrutura de árvore que resultou disso facilitou a manutenção das redes ETHERNET, impedindo que a maioria das falhas com um peer ou seu cabo associado afetassem outros dispositivos na rede. Na Figura 5.5, podemos ver a estrutura de um switch, que, externamente, é difícil diferenciar um hub de switch, pois parece o mesmo, mas, internamente, ocorre a distribuição adequada, sendo que, no primeiro, o hub, todas as estações recebem todas as informações enquanto que, no segundo, o switch, somente a estação que tem o MAC ou IP cadastrado receberá a informação. Essa programação do switch ocorre quando ele é inicializado e é enviado para todas as estações o pedido de informação sobre qual endereço MAC ficará dentro do switch como uma lista de endereços MAC, para, posteriormente, saber para que estação enviar os dados.

8 - Exercícios

1 – O que é o protocolo ETHERNET?

R.: ETHERNET é uma família de tecnologias de rede de computadores comumente usadas em redes locais (LAN), redes de área metropolitana (MAN) e redes de longa distância (WAN).

2 – Em que camada do modelo OSI se fixa o protocolo ETHERNET?

R.: Fixa-se nas camadas física e de enlace.

3 – O que seria a sigla CSMA/CD?

R.: É uma estrutura conhecida como Carrier Sense Multiple Access with Collision Detection (CSMA/CD).

4 – Qual é a estrutura interna do protocolo ETHERNET?

R.: Composto de um cabeçalho, endereço de origem e de destino, os dados e um check sum no final, como a maioria dos protocolos bem estruturados.

5 – O protocolo Giga ETHERNET deve preferencialmente ser a cabo ou óptico?

R.: Deve preferencialmente trafegar em cabos ópticos devido a sua velocidade.

CAPÍTULO 6

PROTOCOLO TCP-IP

Um dos primeiros documentos que expressam a arquitetura do TCP-IP, o RFC 1122, enfatiza os princípios sobre as camadas. O RFC 1122 é estruturado em parágrafos referentes a camadas, mas o documento também se refere a muitos outros princípios.

Dessa forma, neste capítulo, abordaremos o protocolo TCP-IP e sua estrutura funcional.

1 - Conceito

O protocolo TCP-IP é a abreviação de Transmission Control Protocol–Internet Protocol Suite; na verdade, o TCP-IP é um grupo de protocolos em que os dois mais significativos são o TCP e o IP, os quais deram o nome à suíte de protocolos. Assim, dizemos suíte TCP-IP. O protocolo IP é, por assim dizer, a base da comunicação dentro da internet. O IP é um protocolo que realiza as transmissões dos dados em pacotes.

O TCP-IP pode ser aplicado em qualquer projeto de rede, seja ela algo bem simples, como uma ligação ponto a ponto, apesar de que, nesse caso, não precisaria, pois não existem vários destinos, apenas um, ou uma rede de pacotes mais complexa. Podemos, por exemplo, empregar em estruturas de rede física, como Token Ring, ETHERNET, FDDI, PPP, ATM, X.25, Frame Relay, ligações telefônicas tradicionais e várias outras, em que todas usam como interface entre hosts o protocolo TCP-IP.

As estruturas físicas como: ETHERNET, FDDI, Token Ring, PPP, ATM, X.25, Frame Relay etc. operam como uma espécie de "transportador" dos pacotes TCP-IP e atuam nas camadas 1 e 2 do modelo OSI, enquanto o TCP-IP nas demais camadas superiores do modelo OSI.

O protocolo TCP-IP, da mesma forma como a arquitetura OSI, está estruturada em uma divisão de suas funções dentro de um sistema de comunicação em camadas. Na suíte TCP-IP, estão estruturadas as seguintes camadas:

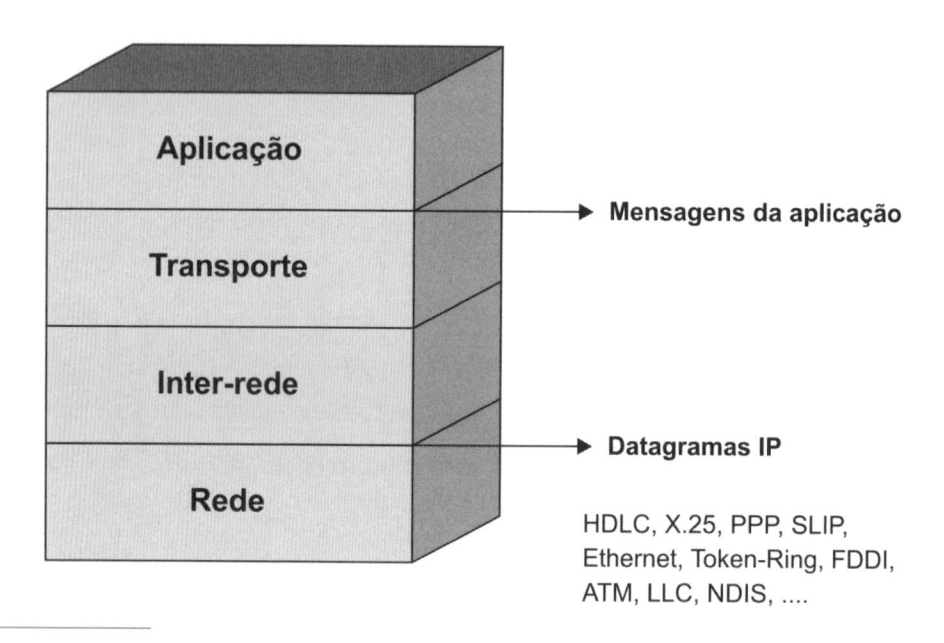

Figura 6.1 Estrutura do protocolo TCP-IP.

- ☒ **Aplicação:** responsável pela ligação direta com as aplicações.
- ☒ **Transporte:** responsável pelo transporte ponto a ponto dos dados.
- ☒ **Internet:** responsável por identificar as máquinas.
- ☒ **Rede ou link:** responsável pela conexão física.

As camadas são mostradas na Figura 6.1 de tal maneira que podemos perceber um modelo OSI reduzido, tendo apenas 4 camadas, mas, com o estudo, pode-se perceber que as outras camadas do modelo OSI encontram-se distribuídas dentro das camadas do TCP-IP.

1.1 Camada de rede

A camada de rede define os métodos utilizados dentro da rede no escopo da estrutura da rede local, no qual os hosts se comunicam sem roteadores intermediários. Essa camada inclui os protocolos usados para descrever a topologia da rede local e as interfaces necessárias para efetuar a transmissão de datagramas da camada da internet para hosts próximos.

Essa camada é responsável pelo envio dos datagramas que foram construídos na camada acima dela ou pela entrega do que recebeu do cabeamento para a camada superior. Enquanto essa camada trabalha com o mapeamento físico da rede, a camada superior realiza o mapeamento lógico da rede, sendo assim, elas são independentes uma da outra.

Alguns protocolos bastante usados nessa primeira camada são:

- ☒ **Protocolos com estrutura própria, tais como:** X.25, Frame Relay, ATM.
- ☒ **Protocolos dentro do padrão OSI, tais como:** ETHERNET, Token Ring, FDDI.
- ☒ **Protocolos de mapeamento de endereços (ARP – Address Resolution Protocol):** esse protocolo pode ser considerado também como parte da camada de inter-rede.

Os protocolos identificados nesse nível procuram identificar fisicamente os computadores ou máquinas, porque todo computador ou host situado dentro de uma rede do tipo ETHERNET, Token Ring ou FDDI precisa ter o que chamaríamos de identificador único. Esse identificador é chamado de endereço MAC ou endereço físico do computador ou host, que permite, dentro de uma mesma rede, diferenciar um computador, como foi visto no capítulo anterior, possibilitando, assim, o envio de mensagens específicas dentro do meio estruturado para a rede, seja cabo, fibra óptica ou rádio, comumente chamada de meio físico. Tais redes são geralmente chamadas redes locais e são baseadas em computadores ou hosts.

As redes ponto a ponto, formadas pela interligação entre dois computadores ou hosts não possuem, normalmente, um endereçamento TCP-IP, já que não há necessidade de se identificar entre várias estações, justamente devido ao fato de a ligação ser direta ou ponto a ponto.

1.2 Camada de inter-rede

A camada de inter-rede troca datagramas através dos limites da rede. Ela fornece uma interface de rede uniforme que oculta a topologia real (layout) das conexões de rede subjacentes. É, portanto, também referida como a camada que estabelece internetworking. De fato, define e estabelece a internet. Essa camada define as estruturas de endereçamento e roteamento usadas para o conjunto de protocolos TCP-IP. O protocolo primário, nesse escopo, é o protocolo de internet, que define endereços IP. Sua função no roteamento é transportar datagramas para o próximo roteador IP que tenha a conectividade com uma rede mais próxima do destino dos dados.

Essa camada é a responsável por realizar a comunicação entre computadores que estão na mesma rede, ou seja, mesmo conjunto de IP. Para que possamos identificar cada host e a própria rede onde estas estão situadas, é definido um elemento identificador, que é chamado de endereço IP, que é totalmente independente de outras formas de endereçamento existentes nos níveis inferiores.

Os protocolos que compõem esta camada são:

- ☒ **Internet Protocol (IP):** responsável pelo tráfego dos dados.

- ☒ **Internet Control Message Protocol (ICMP):** responsável pelo controle e os erros.

- ☒ **Internet Group Management Protocol (GMP):** responsável pelo controle de grupo de endereços.

O protocolo IP realiza a função mais importante, pois é ele que vai trafegar as informações dessa camada. Para isso, ele muitas vezes precisa realizar a função de roteamento, que consiste no transporte das mensagens entre as redes e na decisão de qual rota uma mensagem deverá seguir, através da estrutura física de rede, para chegar a seu destino. Podemos ver a estrutura na Figura 6.2.

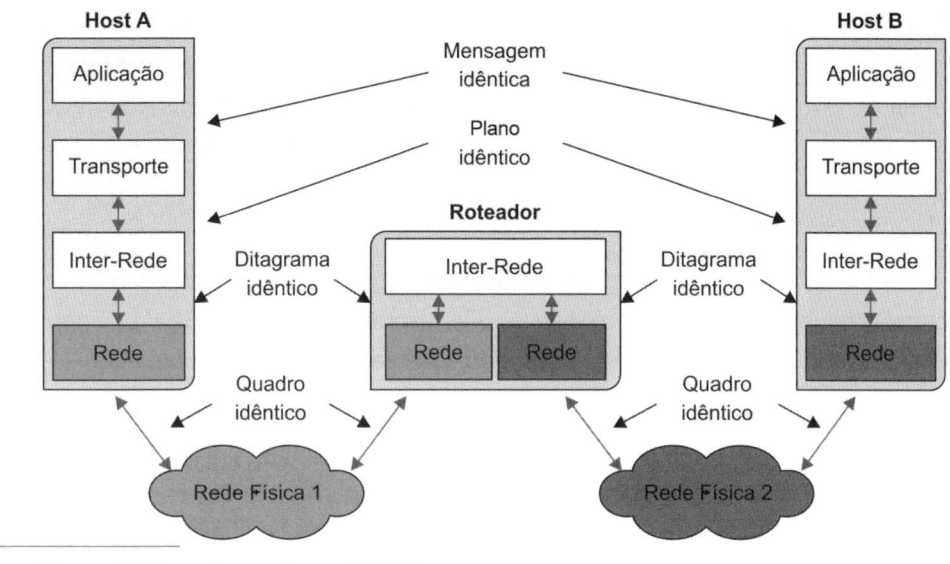

Figura 6.2 Troca de pacotes no TCP-IP.

1.3 Camada de transporte

Fica para a camada de transporte o trabalho de realizar as comunicações entre computadores na rede local ou em redes remotas separadas por roteadores. Ela fornece um canal para as necessidades de comunicação de aplicativos. O UDP é o protocolo básico da camada de transporte, fornecendo um serviço de datagrama sem conexão não confiável, enquanto que TCP fornece controle do fluxo, ou seja, realiza o estabelecimento de conexão e transmissão confiável de dados.

Essa camada é formada pela etapa que realiza as funções, como o próprio nome já diz, de transporte dos dados que chamamos de fim a fim, ou seja, considerando apenas a origem e o destino da comunicação, sem a preocupação com as partes intermediárias, como a estrutura física e lógica, que seriam responsabilidade dos níveis abaixo. A camada de transporte possui dois protocolos básicos para isso, o UDP (User Datagram Protocol) e o TCP (Transmission Control Protocol).

O UDP usa um modelo simples de comunicação, sem conexão com um mínimo de mecanismos de protocolo, e fornece somas de verificação para integridade de dados e números de portas, a fim de endereçar diferentes funções na origem e no destino do datagrama. Ele não tem diálogos de handshaking e, portanto, expõe o programa do usuário a qualquer falta de confiabilidade da rede subjacente; não há garantia de entrega, pedido ou proteção duplicada. Se forem necessários recursos de correção de erros no nível da interface de rede, um aplicativo poderá usar o Protocolo de Transmissão (TCP) ou o Protocolo de Transmissão de Controle de Fluxo (SCTP) projetados para essa finalidade

O protocolo TCP realiza várias funções para fazer com que a comunicação entre origem e destino se torne extremamente confiável. São responsabilidades do TCP o controle de fluxo dos dados, bem como o controle de erro, toda sequenciação dos pacotes.

A camada de transporte entrega para o nível acima um conjunto de informações, funções e, muitas vezes, procedimentos para acesso ao sistema de comunicação, de tal forma a permitir a criação e a utilização de aplicações, de uma forma independente da implementação — assim sendo, as interfaces socket ou TLI, falando em ambiente Unix, ou o Winsock para o ambiente Windows —, será fornecido um conjunto de funções que permite que as aplicações possam ser desenvolvidas ou utilizadas, deixando com que a utilização fique totalmente independentemente do sistema operacional no qual o protocolo está sendo aplicado.

1.4 Camada de aplicação

Finalmente, temos a camada de aplicação, que contém todos os protocolos que fornecerão os serviços de comunicação com o sistema. Podemos separar os protocolos de aplicação, de forma a serem vistos como protocolos de serviços básicos, ou seja, de serviços para o usuário em si.

Chamamos de protocolos de serviços básicos aqueles que atendem as necessidades de um sistema de comunicação TCP-IP, tais como: DNS, BOOTP, DHCP, ARP, ICMP, entre outros.

Protocolos de serviços para atender os usuários seriam basicamente: NIS, Telnet, SMTP, HTTP, POP3, IMAP, TFTP, NFS, FTP, LPR, LPD, ICQ, RealAudio, Gopher, Archie, Finger, SNMP e outros.

O presente livro não tem a pretensão de abordar todos esses serviços disponíveis na suíte TCP-IP, mas apenas mostrar como basicamente funcionam o TCP e o IP.

2 - Protocolo IP

O Internet Protocol (IP) é um protocolo pelo qual os dados são enviados de um computador para outro na internet ou em redes locais. Cada computador (conhecido como host) tem pelo menos um endereço IP que identifica exclusivamente todos os outros computadores na rede.

Quando você envia ou recebe dados (por exemplo, uma nota de e-mail ou uma página da web), a mensagem é dividida em pequenos trechos chamados de pacotes. Cada um desses pacotes contém o endereço de internet ou, dentro de uma rede local, o endereço do remetente e o endereço do destinatário.

Como uma mensagem é dividida em vários pacotes, cada pacote pode, se necessário, ser enviado por uma rota diferente pela internet ou até mesmo dentro de várias redes locais. Os pacotes podem chegar em uma ordem diferente da ordem em que foram enviados. O Internet Protocol apenas os entrega. Cabe a outro protocolo, o Protocolo de Controle de Transmissão (TCP), colocá-los de volta na ordem correta.

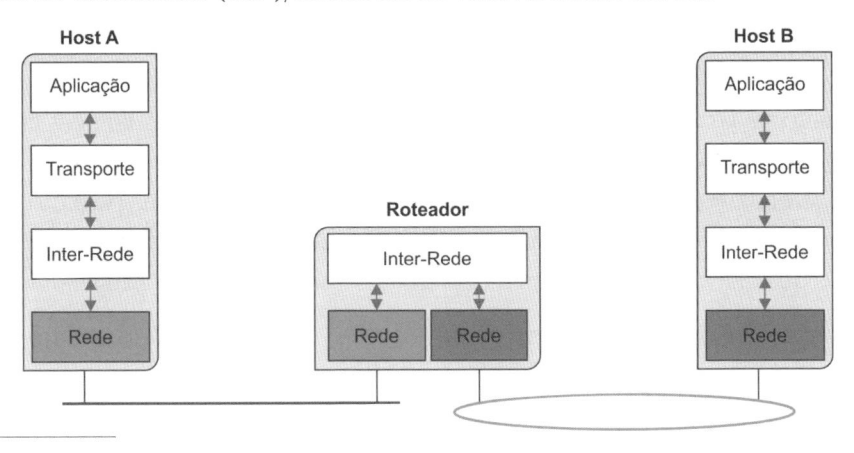

Figura 6.3 Comunicação camada de inter-rede.

O IP é um protocolo sem conexão, o que significa que não há conexão contínua entre os terminais que estão se comunicando. Cada pacote que viaja pela rede é tratado como uma unidade independente de dados, sem qualquer relação com qualquer outra unidade de dados. (O motivo pelo qual os pacotes são colocados na ordem correta é devido ao TCP, o protocolo orientado à conexão que acompanha a sequência de pacotes em uma mensagem.) No modelo de comunicação Open Systems Interconnection (OSI), o IP está na camada 3 , a camada de rede.

A versão de IP mais usada atualmente é o IPv4 (Internet Protocol Version 4). No entanto, o IP Versão 6 (IPv6) também está começando a ser suportado. O IPv6 fornece endereços muito mais longos e, portanto, a possibilidade de muitos mais usuários da internet. O IPv6 inclui os recursos do IPv4 e qualquer servidor que possa suportar pacotes IPv6 também pode suportar pacotes IPv4.

As funções de um host ou computador, bem como o roteador, podem ser visualizadas na Figura 6.3.

2.1 Endereços IP

O Internet Protocol (IP) é o principal protocolo de comunicação para troca de mensagens entre computadores em uma única rede ou em uma série de redes interconectadas usando o pacote de protocolos da suíte TCP-IP.

As mensagens são trocadas como datagramas, também conhecidos como pacotes de dados ou apenas pacotes. O IP é o protocolo primário na camada de internet do Internet Protocol Suite.

A principal finalidade e tarefa do IP é a entrega de datagramas do host de origem (computador de origem) ao host de destino (computador de recebimento), com base em seus endereços. Para conseguir isso, o IP inclui métodos e estruturas para colocar tags (informações de endereço, que fazem parte dos metadados) dentro de datagramas. O processo de colocar essas tags em datagramas é chamado de encapsulamento.

A hierarquia do protocolo da internet contém várias classes de endereços IP a serem usadas de maneira eficiente em várias situações, conforme o requisito de hosts por rede. Em termos gerais, o sistema de endereçamento IPv4 é dividido em cinco classes de endereços IP. Todas as cinco classes são identificadas pelo primeiro octeto do endereço IP. Todas as cinco classes são identificadas pelo primeiro octeto do endereço IP. Uma instituição Americana é a responsável por atribuir os endereços de IP.

O primeiro octeto referido aqui é o da esquerda, acima de tudo. Os octetos, enumerados da seguinte forma, mostram a notação decimal pontuada do endereço:

1° Octeto	2° octeto	3° octeto	4° octeto
11000000	10101000	00000010	00000011
192	168	2	3

O número de redes e o número de hosts por classe podem ser derivados por esta fórmula:

```
Número de redes           =    2^bits_da rede
Número de estacoes/redes  =    2^estacoes_bits-2
```

Ao calcular os endereços IP dos hosts, dois endereços IP são diminuídos, porque não podem ser atribuídos a hosts, ou seja, o primeiro IP de uma rede é o número da rede e o último IP é reservado para o IP da transmissão ou broadcasting.

Classe A

O primeiro bit do primeiro octeto é sempre definido como 0 (zero). Assim, o primeiro octeto varia de 1 a 127, ou seja:

00000001 – 01111111
1 – 127

Os endereços de classe A incluem apenas o IP, começando de 1.x.x.x para 126.x.x.x apenas. O intervalo de IP 127.x.x.x é reservado para endereços IP de loopback. A máscara de sub-rede padrão para o endereço IP da classe A é 255.0.0.0, o que implica que o endereçamento da classe A pode ter 126 hosts de redes (27-2) e 16777214 (224-2).

A estrutura da classe A seria formada da seguinte forma:

0NNNNNNN.HHHHHHHH.HHHHHHHH.HHHHHHHH

Classe B

Um endereço IP que pertence à classe B tem os primeiros dois bits no primeiro octeto definido como 10, ou seja:

10000000 – 10111111
128 – 191

Os endereços IP de classe B variam de 128.0.x.x a 191.255.x.x. A máscara de sub-rede padrão da classe B é 255.255.x.x. A classe B tem 16384 (214) endereços de rede e 65534 (216-2) endereços de host.

A estrutura da classe B seria formada da seguinte forma:

10NNNNNN.NNNNNNNN.HHHHHHHH.HHHHHHHH

Classe C

O primeiro octeto da classe C, em um endereço IP, tem seus três primeiros bits sendo 110, ou seja:

$$\textbf{11000000 – 11011111}$$
$$\textbf{192 – 223}$$

Os endereços IP de classe C variam de 192.0.0.x a 223.255.255.x. A máscara de sub-rede padrão da classe C é 255.255.255.x. A classe C fornece 2097152 (221) endereços de rede e 254 (28-2) endereços de host. O formato de endereço IP de classe C é:

A estrutura da classe C seria formada da seguinte forma:

110NNNNN.NNNNNNNN.NNNNNNNN.HHHHHHHH

Classe D

Os primeiros quatro bits do primeiro octeto dos endereços IP da classe D são definidos como 1110, fornecendo um intervalo de:

$$\textbf{11100000 – 11101111}$$
$$\textbf{224 – 239}$$

A classe D tem intervalo de endereços IP de 224.0.0.0 a 239.255.255.255. A classe D é reservada para multicast. Dados multicasting não são destinados a um host específico, é por isso que não há necessidade de extrair o endereço do host do endereço IP, e a classe D não possui nenhuma máscara de sub-rede.

Classe E

Essa classe de IP é reservada apenas para fins experimentais, para pesquisa e desenvolvimento ou estudo. Os endereços IP nessa classe variam de 240.0.0.0 a 255.255.255.254. Como a classe D, essa classe também não está equipada com nenhuma máscara de sub-rede.

Podemos ver na Figura 6.4 essa estrutura de divisão de classes e seus respectivos números iniciais identificadores.

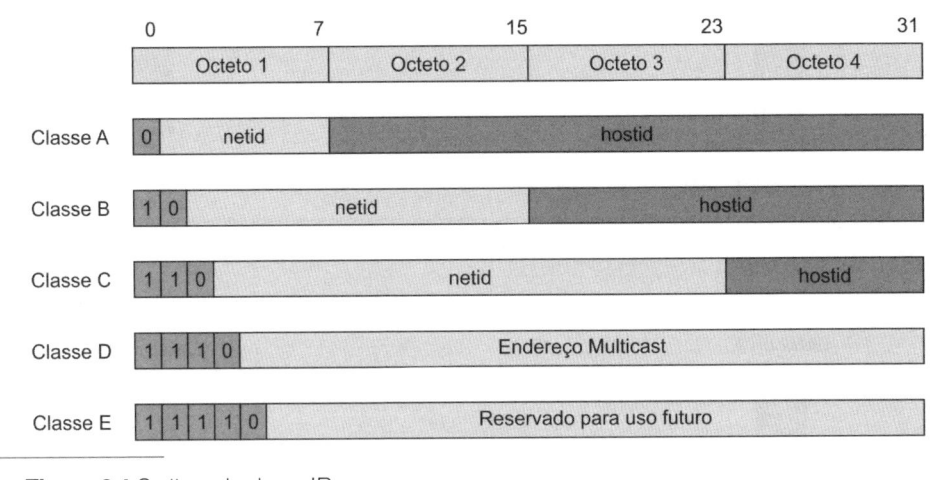

Figura 6.4 Os tipos de classe IP.

Alguns endereços de IPs são reservados para funções ditas como especiais dentro de uma rede TCP -IP, tais como:

☒ **Endereço de rede:** identifica a rede em si e não uma determinada interface na rede, sendo representado por todos os bits de hostid com o valor binário ZERO, conservando apenas os números iniciais que identificam a rede e a classe da mesma, por exemplo: 192.186.0.0 identifica uma rede específica.

☒ **Endereço de broadcast:** identifica todos os computadores ou máquinas que estão em uma determinada rede específica, sendo representado por todos os bits de hostid com o valor lógico 1, por exemplo: 192.168.0.255 identifica o broadcasting da rede 192.168.0.0.

Assim sendo, para cada rede, seja da classe A, B ou C, o primeiro endereço e o último endereço não podem ser utilizados, pois são reservados para identificar a classe e realizar o broadcasting.

☒ **Endereço de loopback:** identifica a máquina que estamos operando naquele instante. É utilizado para enviar uma mensagem para o próprio computador rotear nele mesmo, ficando a mensagem apenas no nível IP, sem que a mensagem seja enviada à rede. Esse endereço é 127.0.0.1, permite a comunicação interprocessos (entre aplicações) situados dentro do mesmo computador ou máquina.

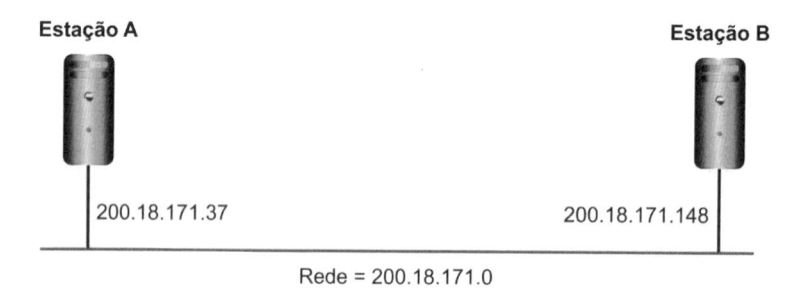

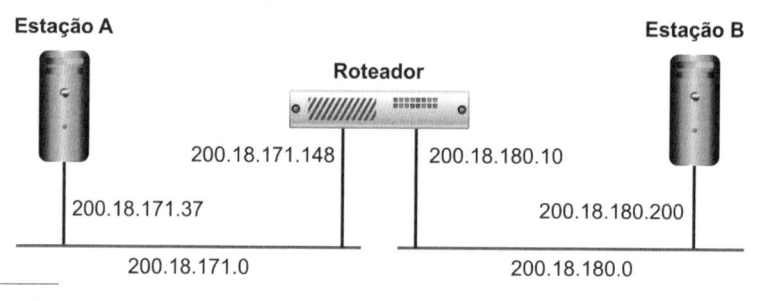

Figura 6.5 Exemplo de endereçamento.

A Figura 6.5 nos apresenta exemplos de endereçamento de computadores situados na mesma rede e em redes diferentes. Pode ser observado que, como o endereço começa por exemplo com o número 200 (ou seja, os dois primeiros bits são 1 e o terceiro 0), eles pertencem à classe C. Por isso, os três primeiros bytes do endereço identificarão a rede em que ele se encontra. Como na Figura 6.5, na parte superior, ambas as estações têm o endereço começando por 200.18.171, portanto, pertencentes à mesma rede. Na mesma Figura 6.5, na parte de baixo, as estações estão em redes diferentes assim, uma possível topologia ou forma de estruturá-la é mostrada, onde um roteador realiza a interligação das duas redes.

A Figura 6.6 ilustra uma estrutura de rede com diferentes endereçamentos. Podemos ver que não há necessidade de qualquer correlação entre esses endereços utilizados entre as redes adjacentes, apenas que sejam todas redes IPs. O mecanismo que controla as mensagens que são enviadas de uma rede à outra é chamado de roteamento. Esse processo é executado pelos roteadores instalados entre as redes. Podemos dizer que um roteador não precisa ser um equipamento específico, pois todo equipamento, seja um roteador propriamente dito ou um PC que está conectando mais de uma rede, pode realizar a função de roteamento, baseado em decisões dentro de rotas estabelecidas.

No diagrama da Figura 6.6 existem seis redes, identificadas por 200.1.2.0, 139.82.0.0, 210.200.4.0, 210.201.0.0, 10.0.0.0 e 200.1.3.0.

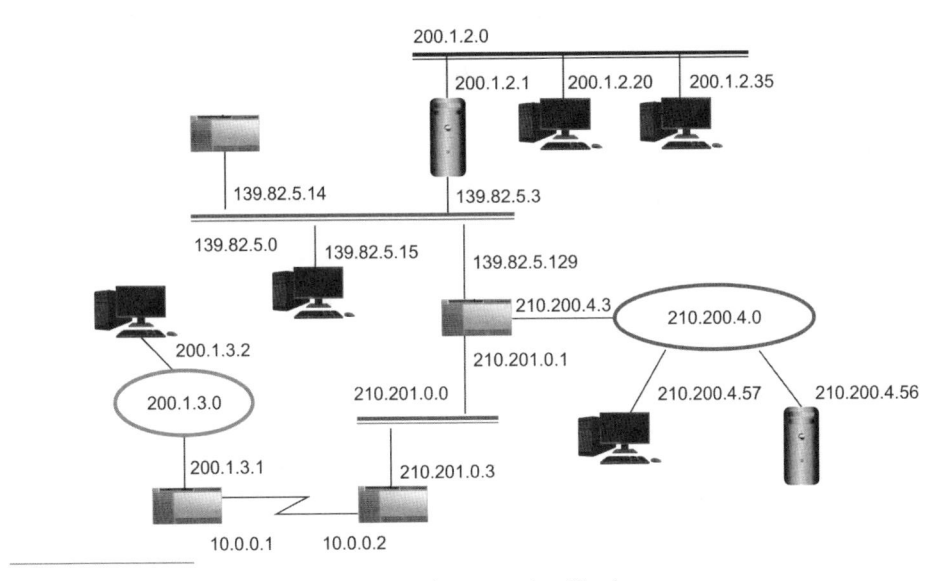

Figura 6.6 Diagrama de rede com o endereçamento utilizado.

2.2 Mapeamento de endereços IP em endereços de rede

A Figura 6.7 nos apresenta uma rede com 3 estações, na qual um computador com endereço IP 200.18.171.1 precisa enviar uma mensagem para o computador cujo endereço é 200.18.171.3. A mensagem a ser enviada é exatamente a mensagem que está dentro de um pacote IP. No caso desse exemplo, antes de efetivamente enviar a mensagem IP, o computador utilizará um protocolo chamado ARP para determinar o endereço MAC da interface, cujo endereço IP é o destino da mensagem que se deseja enviar.

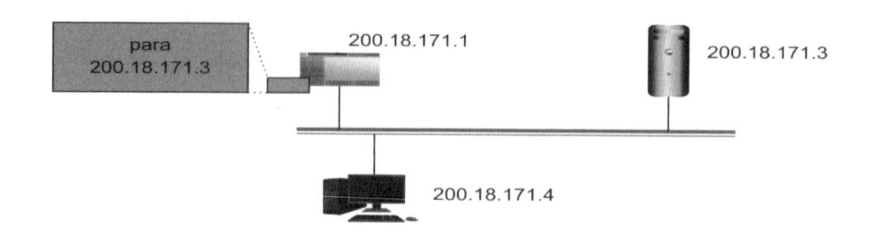

Figura 6.7 Rede com 3 estações.

Podemos descrever o funcionamento do protocolo ARP da seguinte forma:

1. Estação origem, que chamaremos de A, verifica que a estação destino B está na mesma rede local.

2. O protocolo IP da estação A verifica que esta estação ainda não possui um mapeamento do endereço MAC para o endereço IP da máquina desejada como destino.

3. Protocolo ARP envia um pacote do tipo ARP (ARP Request) com o endereço MAC destino de broadcast para a rede toda, ou seja, para todas as máquinas na tentativa de encontrar a máquina que se deseja comunicar.

Na Figura 6.8, temos esta estrutura:

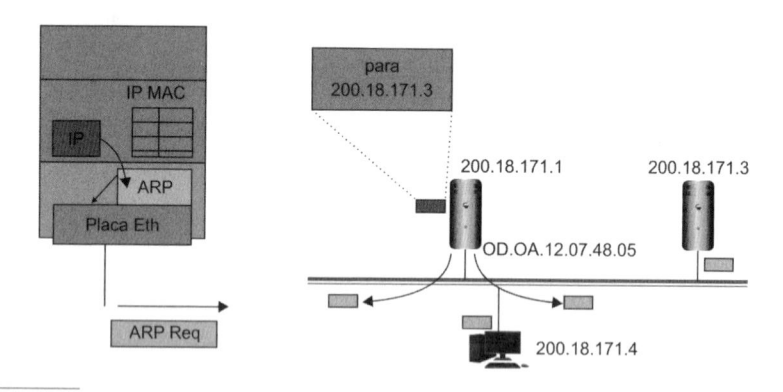

Figura 6.8 Tratamentos de pacotes ARP.

A mensagem ARP que fora enviada é encapsulada em um pacote do tipo ETHERNET, conforme é mostrado na Figura 6.9. Da Figura 6.9 até a Figura 6.13, temos toda sequência de troca de ARP em uma rede.

Preâmbulo	End. Físico Broadcast	0D.0A.12. 07.48.05	ARP	Dados (ARP Request)	FCS
8 bytes	6 bytes	6 bytes	2 bytes	64 - 1500 bytes	4 bytes

Figura 6.9 Mensagem ARP.

Nesse momento, ocorre que todas as máquinas irão receber esse pacote ARP, mas somente aquela que possui o endereço IP que foi especificado é que vai efetivamente responder. A máquina B aproveita e já instala na sua tabela ARP o mapeamento do endereço 200.18.171.1 para o endereço MAC da máquina A. Isso pode ser visto na Figura 6.10.

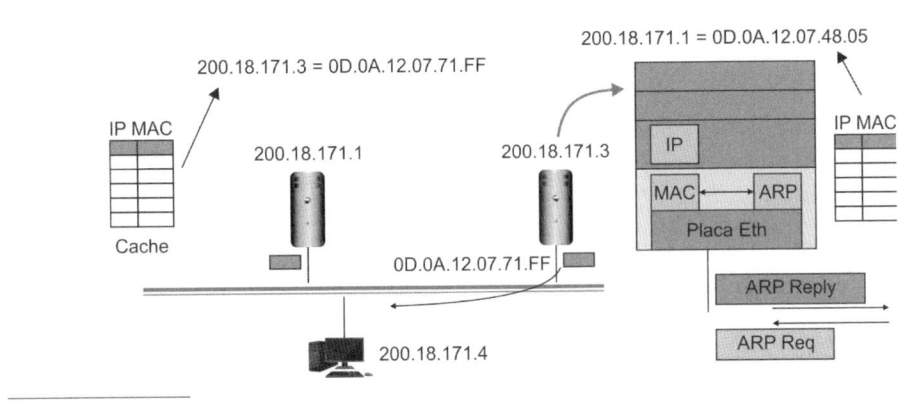

Figura 6.10 Tráfego das mensagens ARP.

A resposta é enviada, dessa forma, dentro de um pacote ETHERNET, encapsulado conforme mostrado na Figura 6.11, através de uma mensagem do tipo ARP Reply, endereçada diretamente para a máquina que fez a solicitação.

Preâmbulo	0D.0A.12. 07.48.05	0D.0A.12. 07.71.FF	ARP	Dados (ARP Reply)	FCS
8 bytes	6 bytes	6 bytes	2 bytes	64 - 1500 bytes	4 bytes

Figura 6.11 Mensagem ARP.

A máquina A recebe o pacote e o coloca em um mapeamento de endereço IP interno, o endereço MAC respectivo da máquina B.

Finalmente, a máquina A pode agora transmitir o pacote IP inicial, pois já sabe tudo que é necessário para a comunicação, ou seja, o IP e o endereço MAC. Na Figura 6.12, temos esse pacote.

Preâmbulo	0D.0A.12.07.71.FF	0D.0A.12.07.48.05	IP	Dados (TCP sobre IP)	FCS
8 bytes	6 bytes	6 bytes	2 bytes	64 - 1500 bytes	4 bytes

Figura 6.12 Mensagem ARP.

Os protocolos de nível de rede, como o ETHERNET, possuem um identificador para ser possível identificar qual o tipo do protocolo que está sendo carregado em seu campo de dados.

Um pacote ETHERNET pode, por exemplo, carregar diversos protocolos, tais como: ARP, IP, RARP, IPX, Netbios e tantos outros. A Figura 6.13 mostra o formato do quadro ETHERNET. Note que o campo protocolo, de 2 bytes de tamanho, identifica o protocolo que está sendo transportado no campo de dados. No caso de transporte de um pacote ARP, o valor é 0806h (hexadecimal), enquanto que, no caso de o protocolo ser um IP, esse campo tem o valor de 0800h.

Preâmbulo	0D.0A.12.07.71.FF	0D.0A.12.07.48.05	IP	Dados (TCP sobre IP)	FCS
8 bytes	6 bytes	6 bytes	2 bytes	64 - 1500 bytes	4 bytes

Figura 6.13 Formato do quadro ETHERNET.

O protocolo ARP possui dois pacotes distintos, um que é chamado de REQUEST e um outro que é chamado de REPLY, com o formato na Figura 6.14. No REQUEST, são preenchidos todos os dados, exceto, evidentemente, o endereço MAC do TARGET, pois esse é o objetivo, ou seja, obter o endereço MAC, mas no REPLY esse campo será completado no final do processo, assim que o endereço MAC for encontrado.

Preâmbulo	End. Físico Destino	End. Físico Origem	Tipo	Dados (IP, IPX, ...)	FCS
8 bytes	6 bytes	6 bytes	2 bytes	64 - 1500 bytes	4 bytes

Figura 6.14 Estrutura do pacote ARP.

- ☒ **HARDWARE TYPE:** identifica o hardware (ETHERNET, Token Ring , FDDI etc) utilizado, que pode variar o tamanho do endereço MAC.

- ☒ **PROTOCOL TYPE:** identifica o protocolo sendo mapeado (IP, IPX etc) que pode variar o tipo do endereço usado.

- ☒ **OPERATION:** identifica o tipo da operação, sendo:
  1 = ARP Request, 2 = ARP Reply, 3 = RARP Request, 4 = RARP Reply

2.3 Pacote IP ou Internet Protocol

O protocolo IP é um dos principais protocolos da pilha TCP/IP. É na forma de data-gramas IP que todos os dados TCP, UDP, ICMP e IGMP trafegam pela rede.

> Se um datagrama IP encontrar algum erro no destino ou em algum host intermediário (durante sua viagem da origem ao destino), o datagrama IP será geralmente descartado e uma mensagem de erro ICMP será enviada de volta à origem.

Não confundir a palavra internet do protocolo IP da palavra internet da rede mundial de computadores, pois são duas coisas distintas apesar de o IP ser usado na internet, rede mundial de computadores.

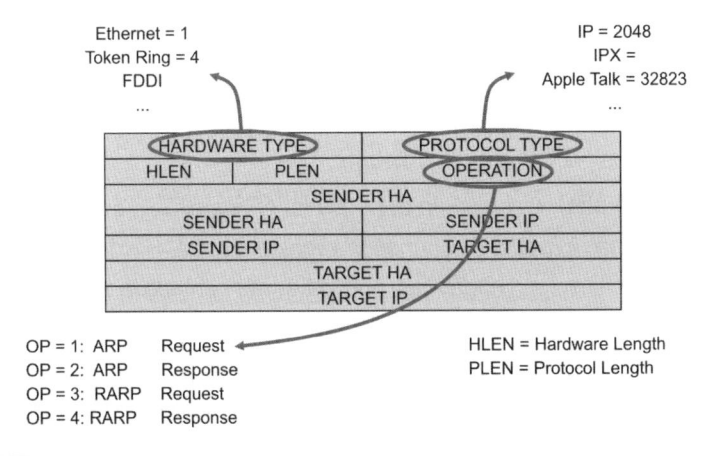

Figura 6.15 Estrutura IP.

O pacote IP possui o formato descrito na Figura 6.15:

- ☒ Analisando o protocolo IP na sua estrutura funcional, podemos ver vários pontos importantes que dão a esse protocolo a boa fama que ele tem.
- ☒ Importante entender que os termos foram mantidos em inglês pois é assim que eles são tratados nos meios técnicos, industriais e acadêmicos.

Os campos do protocolo IP são os seguintes:

- ☒ **Version (4 bits):** esse é o primeiro campo no cabeçalho do protocolo. Este campo ocupa 4 bits. Isso mostra a versão do protocolo IP está sendo usado no momento. A versão mais comum do protocolo IP sendo usado ainda é a versão 4, enquanto a versão 6 está no mercado e está ganhando popularidade rapidamente.
- ☒ **Header length (4 bits):** fornece o comprimento do cabeçalho IP. O comprimento do cabeçalho é representado em palavras de 32 bits. Esse comprimento também inclui opções de IP (se houver). Como esse campo é de 4 bits, o comprimento máximo do cabeçalho permitido é de 60 bytes. Geralmente, quando não há opções presentes, o valor deste campo é 5. Aqui, 5 significa cinco palavras de 32 bits, ou seja, $5 * 4 = 20$ bytes.
- ☒ **Type of service (8 bits):** os primeiros três bits deste campo são conhecidos como bits de precedência e são ignorados a partir de hoje. Os próximos 4 bits representam o tipo de serviço e o último bit não é utilizado. Os 4 bits que representam TOS são: minimizar o atraso, maximizar o rendimento, maximizar a confiabilidade e minimizar o custo monetário. Não tem muita utilidade na Internet esse campo.
- ☒ **Identification (16 bits):** é usado para identificar unicamente os datagramas IP. Esse valor é incrementado toda vez que um datagrama IP é enviado da origem para o destino. Este campo é útil ao remontar os datagramas de dados IP que foram fragmentados por um possível roteador.
- ☒ **Flags (3 bits):** é composto por três bits. O primeiro bit é mantido como reservado, ou seja, não é usado. O segundo bit representa o bit "Não Fragmentar". Quando esse bit for definido, o datagrama IP nunca é fragmentado, e sim descartado se houver necessidade de um fragmento. E por fim, o terceiro representa o bit "More Fragment". Se esse bit for definido, ele representa um datagrama IP fragmentado que possui mais fragmentos após ele. No caso do último fragmento de um datagrama IP, este bit não é definido, significando que este é o último fragmento de um datagrama IP particular que acabou de ser enviado.

☒ **Fragment offset (13 bits):** no caso de datagramas de dados com IP fragmentados, este campo contém o deslocamento (em termos de unidades de 8 bytes) desde o início do datagrama IP. Então, novamente, esse campo é usado na remontagem de datagramas IP fragmentados.

☒ **Time-to-live (8 bits):** esse valor representa o número de saltos pelos quais o datagrama IP passará antes de ser descartado. O valor deste campo no começo do processo é configurado, mas a cada salto sobre a rede este campo é decrementado por um. Quando este campo se torna zero, o datagrama de dados é descartado. Então, vemos que esse campo significa literalmente o tempo de vida efetivo de um datagrama na rede. Existe para que um datagrama não fique pulando na rede infinitamente e seja destruído se não tiver destino.

☒ **Protocol (8 bits):** representa o protocolo da camada de transporte que transferiu dados para a camada IP. Esse campo é útil quando os dados são demultiplexados no destino, pois nesse caso, o IP precisaria saber para qual protocolo transferir os dados. Informa que protocolo de mais alto-nível está sendo carregado no campo de dados. O protocolo IP pode carregar mensagens do tipo UDP, TCP, ICMP, entre várias outras.

☒ **Header checksum (16 bits):** representa um valor que é calculado usando um algoritmo que abrange todos os campos no cabeçalho (assumindo que este mesmo campo seja zero). Esse valor é calculado e armazenado no cabeçalho quando o campo de dados IP é enviado da origem para o destino e no lado do destino essa soma de verificação é novamente calculada e verificada em relação à soma de verificação presente no cabeçalho. Se o valor é o mesmo, então o datagrama não foi corrompido, senão é assumido que o datagrama de dados que foi recebido está corrompido. Portanto, esse campo é usado para verificar a integridade de um datagrama IP.

☒ **Source address (32 bits):** armazena o endereço de origem do computador que está transmitindo os dados. Como o tamanho desses campos é de 32 bits, assim, vemos que isso limita o número de endereços IP que podem ser usados. Para combater esse problema, o IP V6 foi introduzido, o que aumenta essa capacidade.

☒ **Destination address (32 bits):** armazena o endereço de destino, ou seja, do computador que receberá o pacote. Como o tamanho desses campos é de 32 bits, assim, vemos que isso limita o número de endereços IP que podem ser usados. Para combater esse problema, o IP V6 foi introduzido, o que aumenta essa capacidade.

☒ **Options (tamanho variável):** representa uma lista de opções que estão ativas para um determinado datagrama IP. Este é um campo opcional que pode ou não estar presente no pacote.

O que é o IPsec?

Existe um protocolo IP chamado de IPsec que significa IP seguro, de forma a propiciar a segurança do protocolo na internet ou segurança de IP. O IPsec é um conjunto de protocolos que criptografa todo o tráfego IP antes que os pacotes sejam transferidos do nó de origem para o destino. O IPsec também é capaz e responsável por autenticar as identidades dos dois nós antes que a comunicação real ocorra entre eles. O IPsec pode ser configurado para usar qualquer um dos algoritmos disponíveis para criptografar e descriptografar o tráfego da rede.

O IPsec pode ser configurado para funcionar em um dos dois modos disponíveis:

☒ **Modo de transporte:** no modo de transporte, o IPsec criptografa e/ou autentica apenas a carga real do pacote, e as informações do cabeçalho permanecem intactas.

☒ **Modo de túnel:** no modo de túnel, o IPsec criptografa e/ou autentica todo o pacote. Após a criptografia, o pacote é então encapsulado para formar um novo pacote IP que possui informações de cabeçalho diferentes. O IPsec é configurado para ser usado no modo de túnel ao configurar túneis VPN[1] de site para site seguros.

3 - TCP (Transmission Control Protocol)

O TCP fornece um serviço de comunicação em um nível intermediário entre um programa aplicativo e o Protocolo da Internet (IP). Ou seja, quando um programa aplicativo deseja enviar uma grande quantidade de dados pela internet usando IP, em vez de dividir os dados em partes de tamanho IP e emitir uma série de solicitações IP, o software pode emitir uma única solicitação para o TCP e deixar o TCP manipular os detalhes do IP. Na Figura 6.16 temos a estrutura do TCP.

---

[1] VPN significa "virtual private network", ou seja, rede virtual privativa — quando precisamos conectar duas redes ou um usuário a uma rede de forma segura trafegando pela internet.

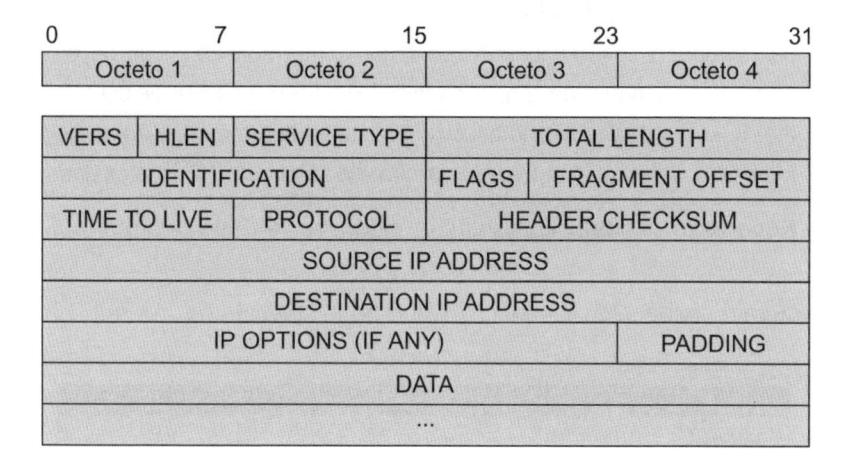

Figura 6.16 Estrutura do TCP.

As partes constituintes do TCP são as seguintes:

☒ **Porta de origem (16 bits):** o número da porta do remetente.

☒ **Porta de destino (16 bits):** o número da porta do receptor.

☒ **Número sequencial (32 bits):**

O número de sequência tem dois significados, dependendo do sinalizador SYN no datagrama que está ativado ou desativado.

☒ Se o sinalizador SYN for 0, esse é o número de sequência acumulado do primeiro byte de dados desse segmento para a sessão atual.

☒ Se o sinalizador SYN for 1, então este é o número de sequência inicial. O número de sequência do primeiro byte de dados real e o número reconhecido no ACK correspondente são, então, esse número de sequência mais 1.

☒ **Número de confirmação (32 bits):** se o sinalizador ACK estiver definido, o valor desse campo será o próximo número de sequência esperado pelo receptor. Isso confirma o recebimento de todos os bytes anteriores (se houver). O primeiro ACK enviado por cada extremidade reconhece o próprio número de sequência inicial da outra extremidade, mas nenhum dado.

☒ **Deslocamento de dados (4 bits):** especifica o tamanho do cabeçalho TCP em palavras de 32 bits. O cabeçalho de tamanho mínimo é de 5 palavras e o máximo de 15 palavras, dando o tamanho mínimo de 20 bytes e o máximo de 60 bytes, permitindo até 40 bytes de opções no cabeçalho. Este campo recebe o nome do fato de que também é o deslocamento desde o início do segmento TCP até os dados reais.

☒ **Reservado (3 bits):** para uso futuro e deve ser definido para zero

A estrutura do cabeçalho (header) do TCP pode ser visto na Figura 6.17.

Offsets	Octet	0								1								2								3						
Octet	bit	0	1	2	3	4	5	6	7	8	9	10	11	12	13	14	15	16	17	18	19	20	21	22	23	24	25	26	27	28	29	30	31
0	0	Source port															Destination port															
4	32	Sequence number																														
8	64	Acknowledgment number (if ACK set)																														
12	96	Data offset	Reserved 000	N S	C W R	E C E	U R G	A C K	P S H	R S T	S Y N	F I N	Window Size																		
16	128	Checksum															Ungent pointer (if URG set)															
20	160	Options (if <data offset> 5. Padded at the end with "0" bytes if necessary)																														
...	...																															

Figura 6.17 Estrutura do cabeçalho TCP.

4 - UDP (User Datagram Protocol)

Protocolo de datagrama do usuário. O UDP envia datagramas sem comunicação prévia para configurar canais de transmissão especiais ou os caminhos de dados. Esse protocolo não faz qualquer verificação da integridade do protocolo, assim ele é usado mais para comandos do tipo ARP entre outros do que dados. O UDP usa um modelo de transmissão simples com um mínimo de mecanismo de protocolo. Ele não possui diálogos de handshaking e, portanto, expõe qualquer falta de confiabilidade do protocolo de rede subjacente ao programa do usuário. Como esse é normalmente o IP em mídia não confiável, não há garantia de entrega, pedido ou proteção duplicada.

Ele fornece somas de verificação para integridade de dados e números de portas para endereçar diferentes funções na origem e no destino do datagrama. Ele é adequado para propósitos em que a verificação e a correção de erros não são necessárias ou executadas no aplicativo, evitando a sobrecarga desse processamento no nível da interface de rede. Aplicativos sensíveis ao tempo geralmente usam o UDP, pois a eliminação de pacotes é preferível à espera de pacotes atrasados, o que pode não ser uma opção em um sistema em tempo real. Se forem necessários recursos de correção de erros dentro da interface de rede, um aplicativo poderá usar o Protocolo de Transmissão (TCP) ou o Protocolo de Transmissão de Controle de Fluxo (SCTP), que foram criados para essa finalidade. Na Figura 6.18, temos a estrutura simples do protocolo UDP.

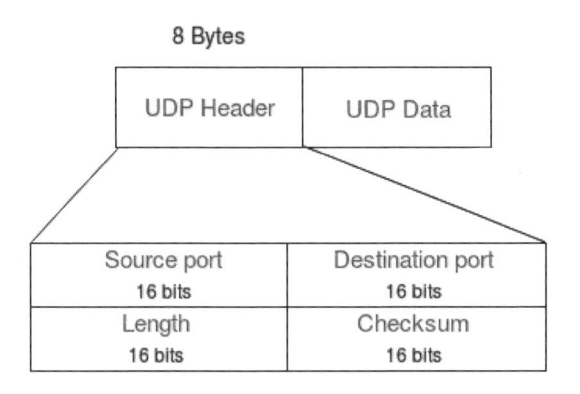

Figura 6.18 Estrutura do UDP.

5 - Roteamento

O roteamento é um dos elementos mais importantes de um protocolo TCP- IP, porque é o roteamento que move os dados entre redes. Por definição, um roteador tem dois ou mais adaptadores de rede, porque um roteador é usado para encaminhar dados entre redes diferentes.

Para roteadores domésticos, geralmente, uma extremidade é conectada a um modem a cabo ou modem DSL à Internet e a outra às portas ETHERNET para a rede doméstica.

☒   Receber dados de uma de suas redes nela contidas;

☒   Verifica o endereço de destino no cabeçalho IP. Se estiver na rede de onde vieram os dados, o datagrama é ignorado, mas se forem redes diferentes é realizada a mudança do IP para a outra rede. O protocolo ETHERNET se incumbe de acertar o destinatário quando na mesma rede.

☒ Se o endereço IP de destino for para uma rede diferente, o roteador verifica a tabela de roteamento para determinar para onde encaminhar o datagrama. A parte mais crítica é a tabela de roteamento. A tabela de roteamento pode ser configurada manualmente, chamada de roteamento estático, mas quase sempre é construída automaticamente por outros protocolos de "descoberta", chamados de roteamento dinâmico. (porque, configurar manualmente a tabela de roteamento é humanamente impossível quando há mais de um punhado de redes.) A tabela de roteamento ainda pode ser ajustada manualmente.

6 - Socket

Socket de rede é basicamente a junção entre um endereço IP e uma porta TCP. Sempre que precisamos nos conectar a uma rede, para o envio ou recepção de um pacote de dados, é necessário um socket. Sempre que vamos realizar uma conexão entre dois computadores em uma rede fazemos uso de uma API de socket para conversar com um determinado host da rede.

Então, quando um navegador, ou aplicativo de e-mail, ou qualquer outro aplicativo quer falar com a internet ou com uma rede local eles falam através de um soquete. O socket geralmente é fornecido pelo sistema operacional como uma API.

O IP define o computador e o TCP qual aplicação do computador vamos nos conectar.

7 - Exercícios

1 – O que é o protocolo TCP-IP?

R.: O protocolo TCP-IP é a abreviação de Transmission Control Protocol – Internet Protocol Suite, na verdade o TCP-IP é um grupo de protocolos, onde os dois mais significativos são o TCP e o IP que deram o nome à suíte de protocolos. Assim dizemos suíte TCP-IP. O protocolo IP é, por assim dizer, a base da comunicação dentro da Internet. O IP é um protocolo que realiza as transmissões dos dados em pacotes.

2 – Qual é a função do protocolo IP?

R.: O IP é o protocolo de comunicação utilizado para troca de mensagens entre computadores em uma única rede ou em uma série de redes interconectadas usando o conjunto de protocolos da suíte TCP-IP.

3 – Qual é a função do protocolo TCP?

R.: O TCP fornece um serviço de comunicação em um nível intermediário entre um programa aplicativo e o Protocolo da Internet (IP). Ou seja, quando um programa aplicativo deseja enviar uma grande quantidade de dados pela Internet usando IP, em vez de dividir os dados em partes de tamanho IP e emitir uma série de solicitações IP, o software pode emitir uma única solicitação para o TCP e deixar o TCP manipular os detalhes do IP. Na Figura 6.16 temos a estrutura do TCP.

4 – Explique o protocolo ARP?

R.: Ele é responsável por encontrar uma determinada máquina da rede, em função do seu endereço MAC.

5 – O que seria o socket em TCP-IP e qual a sua finalidade?

R.: Um socket TCP-IP é o conjunto de um endereço IP e uma porta TCP que especifica uma máquina e uma aplicação que se deseja alcançar.

CAPITULO 7

INTERFACE RS232C

Vamos estudar neste capítulo a comunicação serial mais popular existente nos meios de comunicação – a interface RS232C. Muito antiga, mas ainda sendo usada nos meios indústrias e comerciais, essa interface encontra-se em um forte processo de ser descontinuada.

Entendemos que deveria ser feito um capítulo sobre a mesma devido ao fato de ainda ter muitos projetos e equipamentos usando esse meio de comunicação, principalmente nos meios acadêmicos.

1 - Tipos de comunicação serial

Os equipamentos e dispositivos eletrônicos vêm a cada dia agregando muitas funções, a utilização de diversos circuitos integrados torna-se cada vez mais comum nos projetos fazendo com que a interface de comunicação se desenvolva em vários tipos, mas a serial ainda é a mais difundida. No entanto, não é possível ter nos dias de hoje barramentos paralelos devido ao espaço ocupado e o custo, pois isso vai impactar no dimensionamento da placa de circuito impresso de tamanhos muito grandes fazendo com que elas se tornem muito caras. Sendo assim, a comunicação serial entre dispositivos é uma alternativa importante e fundamente necessária.

Diversas tecnologias para interligar via comunicação serial entre dispositivos foram desenvolvidas ao longo do tempo, podendo ser separadas em duas grandes categorias, a comunicação síncrona e a comunicação assíncrona. Dentre os métodos de comunicações mais conhecidos, destacam-se três, mas outras estão disponíveis com maior e menor custo e diferente forma de acesso, sendo algumas complicadas, como USB, e outras muito simples, como a conexão serial RS232C, objeto deste capítulo. Assim temos:

- ☒ **UART (Universal Asynchronous Receiver Transmitter)**
- ☒ **SPI (Serial Peripheral Interface)**
- ☒ **I2C (Inter Integrated Circuit)**

Na Figura 7.1, podemos visualizar um resumo das interfaces seriais mais comuns.

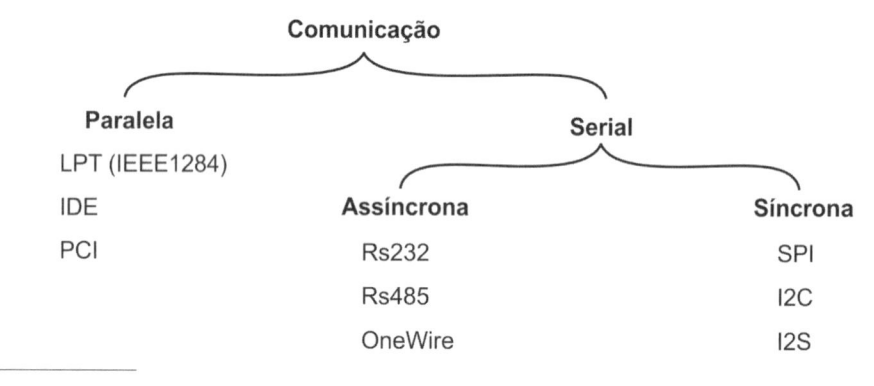

Figura 7.1 Tipos de interface seriais.

Já é bastante usual a comunicação serial assíncrona pelo uso do padrão UART (RS232C). No entanto, existem grandes vantagens no uso de uma comunicação serial síncrona em detrimento da assíncrona. Enquanto a comunicação assíncrona precisa de um start bit, stop bit no mínimo, ou seja, 30% do frame será, após recebidos os dados, destruído, a comunicação síncrona tem os sinais de controle apenas no começo e no final da transmissão, reduzindo, e muito, grande parte do que foi transmitido, pois na comunicação assíncrona os dados de controle de início e fim (start e stop bit), bem como paridade (parity bit) são jogados fora, ficando sem uso após a transmissão dos dados

Mas, apesar dessa diferença, o modo assíncrono é mais usado, em sua maior parte em comunicação de microcontroladores com pequenas interfaces, tais como Wi-Fi, Bluetooth, entre outras.

Há grandes diferenças entre os protocolos síncronos existentes na arquitetura dos microcontroladores. Apesar de o padrão de cada protocolo definir limites máximos de taxas, cada fabricante possui a liberdade para desenvolver dispositivos com suas velocidades mais desejáveis.

Uma forma popular de transferir comandos e dados entre um computador pessoal e um microcontrolador é o uso da interface padrão, como a descrita pelo protocolo RS232C. Este capítulo é dedicado à comunicação de acordo com o protocolo RS232C, bem como os sinais usados na comunicação.

O diagrama de tempo do sinal típico usado para transferir o caractere 'A', sendo que ele será transmitido em bits, portanto será 0x41 do dispositivo A (device A) ao dispositivo B (device B) é dada na Figura 7.2.

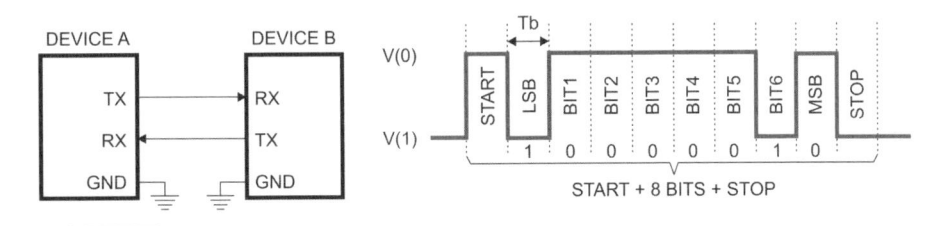

Figura 7.2 Estrutura da serial RS232C.

A norma define os níveis de tensão V (0) como sendo pelo menos + 5V, mas o valor típico é de 12V na extremidade de transmissão da linha TX e pode ser degradado ao longo da linha para se tornar pelo menos +3V no receptor e da linha.

O nível de tensão V (1) deve ser pelo menos -5V, porém o valor típico é de -12V em TX e, pelo menos, -3V em RX. O padrão também definiu o limite superior para que essas tensões atinjam ±15V.

O microcontrolador não pode atingir tais valores de tensão, então, normalmente, usamos uma interface para adequar as tensões. O circuito integrado MAX 232 é largamente utilizado entre o microcontrolador e o conector para RS232C.

Os conectores usados para interface serial são tipicamente os chamados conectores DB9 e DB25, sendo que o último já está fora de uso há muito tempo.

A ligação típica entre dois conectores nos dispositivos A e B está ilustrada na figura abaixo, para dois conectores do tipo fêmea.

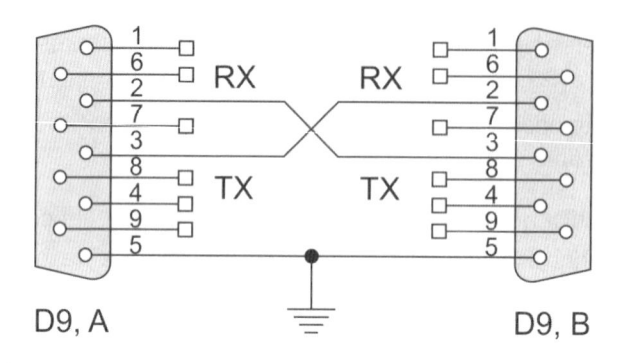

Figura 7.3 Desenho das conexões dos fios de uma interface RS232C tradicionais entre dois computadores PCs..

Para a transmissão regular, são usados 8 bits de dados e 9 bits para fins especiais. A duração de tempo de cada bit define a velocidade de transmissão que é chamado de baud rate[1]. O início do pacote de bits é sinalizado por um chamado start bit, que tem valor 0 por definição. Sua duração é igual ao tempo determinado pelo baud rate, ou seja, se o baud rate for de 1200bps (bits por segundo), teremos um tempo de cada bit próximo a 0,833ms. O pacote de bits é terminado pelo chamado stop bit com uma duração típica igual ao start bit. Algumas aplicações usam 1, 1 e ½ e até 2 stop bits, mas o mais comum é 1 stop bit.

Para verificar a validade da transmissão, o protocolo RS232C fornece um bit chamado de bit de paridade. Esse bit pode ter paridade par, ou seja, se todos os bits iguais a 1, ao serem somados, totalizar um número par, o bit de paridade será 0, mas se o valor total de bits iguais a 1, ao serem somados, resultar em um valor ímpar, então o bit de paridade será 1. Normalmente, não se usa bit de paridade. Existem casos em que se fixa o bit de paridade em um valor igual a 0 ou igual a 1, mas isso é muito raro.

A seguir, podemos verificar todos os sinais pertinentes ao padrão RS232CC em uma tabela descritiva com a função de cada pino, lembrando que o conector de 25 pinos é muito pouco usado.

---

[1] Baud rate é o termo usado para definir a velocidade real de uma transmissão de dados.

Tabela 7.1 Descrição da pinagem do RS232C.

PINOS (DB25)	PINOS (DB9)	SINAL	DESCRIÇÃO Sublinhado - saída do DTE
2	3	TD	Transmit Data (Dados Transmitidos)
3	2	RD	Receive Data (Dados Recebidos)
4	7	RTS	Request To Send (Requisição para Enviar)
5	8	CTS	Clear To Send (Pronto para Enviar)
6	6	DSR	Data Set Ready (Dispositivo de Dados Pronto)
7	5	SG	Signal Ground (Terra de Sinal)
8	1	CD	Carrier Detect (Detecção de Portadora)
20	4	DTR	Data Terminal Ready (Terminal de Dados Pronto)
22	9	RI	Ring Indicator (Indicador de Chamada - Campainha)

2 - Nomenclatura para os equipamentos em uma comunicação serial

☒ **DTE (Data Terminal Equipment):** equipamento de terminação dos dados, dispositivo que gerará os dados (via digitação ou outro procedimento) ou receptor dos dados (ex: servidor, PC, terminal etc.).

☒ **DCE (Data Communication Equipment):** todo equipamento que realiza a comunicação dos dados. Entre um host e outro, podemos ter os dispositivos para operar como componentes de uma rede (modem, switch, roteador, repetidor etc.).

Na Figura 7.4, podemos ver uma típica conexão entre um computador e um CLP (Controlador Lógico Programável).

A UART é o circuito integrado que faz a conversão dos dados que estão em paralelo para uma transmissão serial.

Após a UART, temos ainda o conversor MX232, que transforma os níveis de sinal TTL (5V) em valores de +12 e -12V invertidos, ou seja +12V será nível 0 e -12V será nível 1.

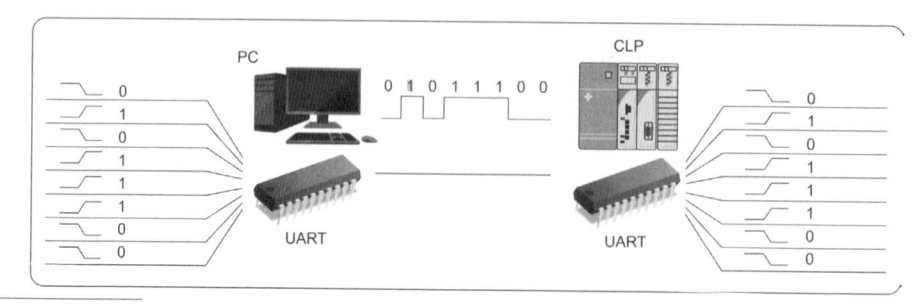

Figura 7.4 Ligação host com CLP.

Parâmetros típicos de uma interface serial RS232C:

☒ **Data bits:** popularmente usamos 7 ou 8.

☒ **Paridade:** pode ser aplicado sem paridade, paridade par ou ímpar.

☒ **Stop bits:** normalmente, usa-se 1 stop bit, mas podemos encontrar sistemas com 2 stop bits.

☒ **Velocidade de comunicação (baud rate):** 110, 300, 600, 1200, 4800, 9600, 19200, 38400, 56K e 115 Kb/s.

3 - Conexão DTE x DCE

☒ Se o segundo DTE for configurado como um DCE, a conexão segue o padrão RS232C normalmente, ou seja, como a ligação de um DTE a um modem (DCE).

☒ Nesse caso, o cabo não possui cruzamentos, que também são chamados de cabo modem.

Na Figura 7.5, temos uma conexão DTE-DCE com controle de fluxo, pois é uma forma segura e eficaz.

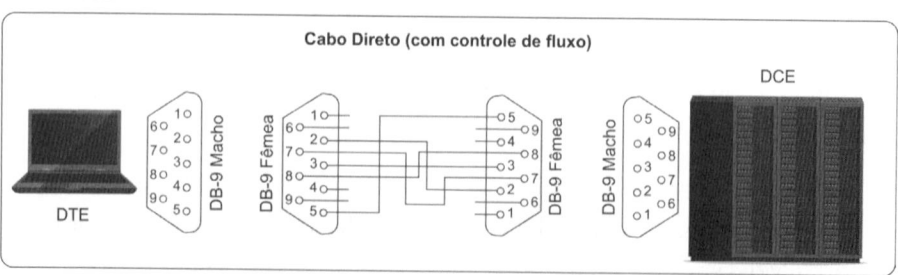

Figura 7.5 Ligação DTE com DCE.

4 - Conexões DTE x DTE

☒ As conexões de dois DTE (host para host) é feita de modo que um DTE tem a ideia de estar falando com um DCE (mesmo sendo dois PCs que estão conversando, um pensa que o outro seria, por exemplo, um modem).

☒ Utiliza-se de uma conexão chamada cabo modem nulo, pois não existem modems envolvidos.

☒ O cabo modem nulo também é chamado de cabo cruzado, devido ao cruzamento dos circuitos de dados e de controle.

☒ Na Figura 7.6, podemos ver uma conexão DTE-DTE com controle de fluxo. Não existem modems envolvidos nessa comunicação, pois são utilizados apenas os sinais de controle RTS e CTS.

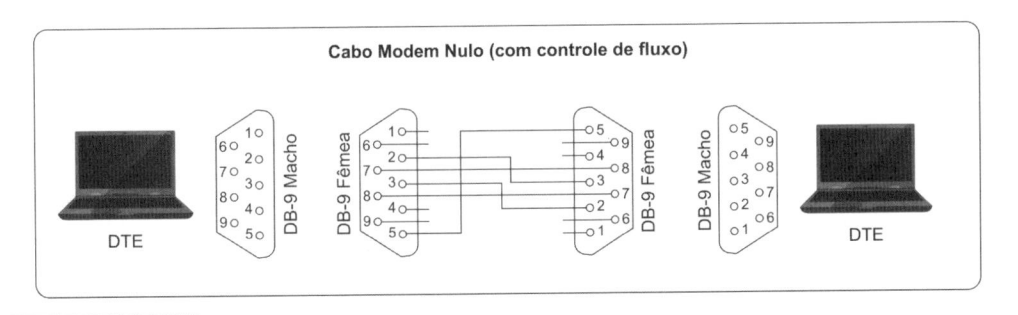

Figura 7.6 Ligação cabo no modem.

Dessa forma, o cabo modem tem todos os pinos ligados diretamente, ou seja, 1 com 1, 2 com 2, 3 com 3 e assim sucessivamente até o final, 9 com 9. Já o cabo cruzado ou no-modem tem seus pinos cruzados, menos o 1 — que é terra estático, e o 5 — que é o sinal de terra elétrico.

5 - Limitações do RS232C

A velocidade em uma interface RS232C está limitada à velocidade máxima de 115 kbps em distâncias pequenas, ou seja, menor de 30 metros. A distância é limitada pela capacitância do cabo. RS232C é uma interface não balanceada (todos os sinais têm o mesmo sinal de terra), então ele é mais susceptível a ruídos, que os padrões RS422 e RS485.

É necessário que o potencial de terra dos sistemas interligados seja o mesmo, para garantir uma comunicação adequada.

Há soluções para reduzir os ruídos elétricos: isoladores ópticos, fibra óptica, entre outras tecnologias mais atuais que nos garantem maior imunidade a ruídos.

6 - Típica ligação para uma porta RS232C de uso geral

Na Figura 7.7, podemos ver a conexão típica de um cabo serial RS232C — muito usado para interface entre dois dispositivos onde não sabemos se os sinais de controle de trafego de dados estão ou não sendo usados tais como os pinos 4, 6, 7 e 8. Assim quando temos um equipamento que nos é apresentado sem a documentação explicativa de que pinos da comunicação RS232C estão sendo usados, a Figura 7.7 nos apresenta uma forma de burlar o controle de trafego onde sabemos através de visualização que estão sendo usados apenas os pinos 2, 3 e 5 (RX, TX e GND).

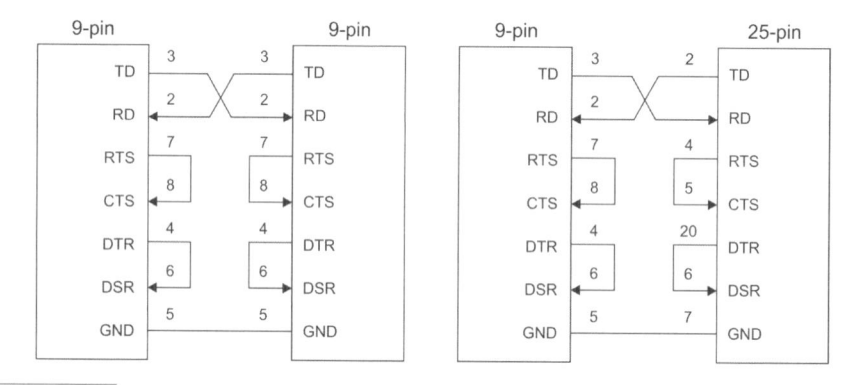

Figura 7.7: Típica ligação entre dispositivos.

7 - Exemplo de aplicação

Um exemplo de aplicação para testar a interface serial RS232C poderia ser feito usando um Raspberry Pi e um Arduino. Assim, pode-se treinar a utilização das duas plataformas, ou seja, Arduino e Raspberry Pi. No site Teach Me Micro[2], podemos encontrar o passo a passo para realizar esse procedimento.

---

2 Disponível em: https://www.teachmemicro.com/raspberry-pi-serial-uart-tutorial/

8 - Exercícios

1 – Onde podemos usar com segurança a interface RS232C?

R.: Todo local em que não há necessidade de altas velocidades e exista um baixo nível de interferência eletromagnética.

2 – Quais são os níveis de tensão para o RS232C que representam os valores lógicos 0 e 1?

R.: O nível lógico 1 = -12V e o nível lógico 0 = +12V.

3 – A interface RS232C tem boa imunidade a ruídos? Explique.

R.: A velocidade em uma interface RS232C está limitada à velocidade máxima de 115 kbps em distâncias pequenas, ou seja, menor que 30 metros. A distância é limitada pela capacitância do cabo. RS232C é uma interface não balanceada (todos os sinais têm o mesmo sinal de terra); então, ele é mais susceptível a ruídos que os padrões RS422 e RS485.

É necessário que o potencial de terra dos sistemas interligados seja o mesmo, para garantir uma comunicação adequada.

Soluções para reduzir os ruídos elétricos: isoladores ópticos, fibra óptica entre outras tecnologias mais atuais que nos garante maior imunidade a ruídos.

4 – Por que ainda se utiliza essa interface na indústria?

R.: Devido ao baixo custo, facilidade de manuseio, bem como existência de bibliotecas simples.

5 – Qual é a diferença entre o cabo modem e no-modem?

R.: O cabo modem tem os 9 pinos ligados diretamente, ou seja $1 = 1, 2 = 2, 3 = 3$, assim por diante, enquanto o cabo no-modem $2 = 3, 3 = 2, 5 = 5$. O primeiro usado para ligar o computador no modem e o segundo para interligar dois equipamentos.

CAPÍTULO 8

INTERFACE RS422 E RS485

Neste capítulo, abordaremos dois protocolos que são muito parecidos, e que são, na verdade, o RS232C. Os protocolos RS422 e RS485 trabalham com comunicação multipontos, enquanto o velho RS232C se utiliza da comunicação monopontos. Eles eram usados muito antes da popularização das redes ETHERNET. Devido ao baixo custo dessa, hoje não faz mais sentido usar tal protocolo, apenas quando já existe uma rede da tecnologia implantada e não se deseja modificá-la e por isso iremos estudá-los para entender o seu funcionamento.

Ainda alguns projetistas usam essa tecnologia por ser muito simples e mais econômica que uma rede ETHERNET bem estruturada.

1 - Conceito

RS422 é um padrão para transferência de dados serial semelhante ao RS232C, mas usa diferença entre duas linhas RS232C usa referência à terra). RS422 usa par trançado (par diferença) para representar o nível lógico. Tal tipo de transmissão de dados é chamado de transmissão balanceada, uma vez que não é referenciada à terra. Essa é a solução à prova de ruído, porque o mesmo ruído afeta ambas as linhas, que são diferenciadas para fora. Isso permite transportar dados em distâncias muito maiores, com taxas de transferência de dados mais altas. RS422 pode transmitir dados até 1200 metros. A taxa de transferência máxima pode ser de 10 Mbits/s. Na Figura 8.1, podemos ver como se efetua a ligação física desse protocolo.

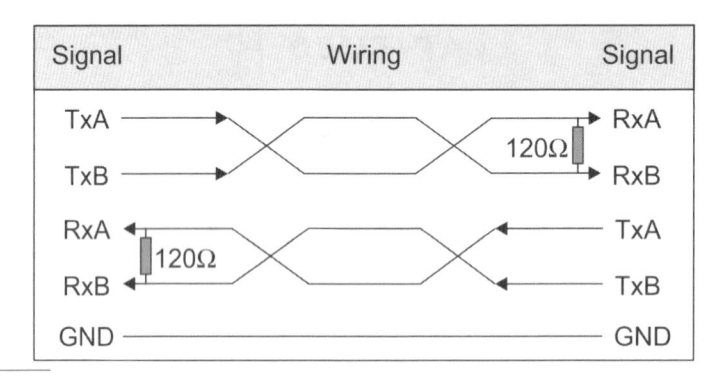

Figura 8.1 Ligação (wiring) do RS422.

Um resistor de 120 ohm atua como resistor terminal que remove reflexos, que podem ocorrer durante a transmissão em longas distâncias. Os níveis de tensão entre as linhas de par trançado são ±4V e entre as linhas de transmissão é ±12V. RS422 pode ser compatível com interface RS232C simplesmente conectando fio negativo de par trançado com a terra.

Na Figura 8.2, podemos ver o conector padrão e os sinais existentes.

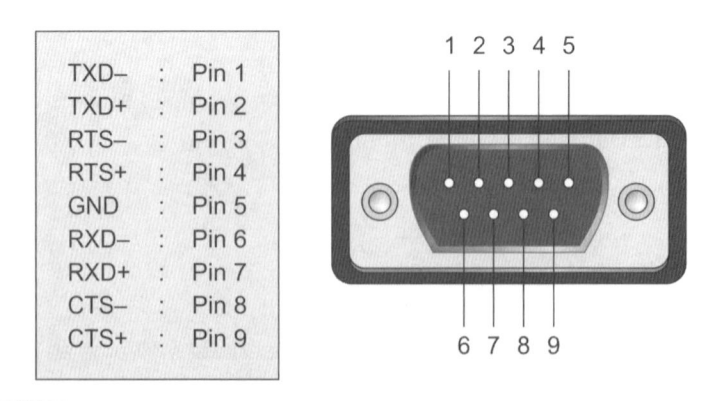

Figura 8.2 Conector do RS422.

O RS422 ainda é utilizado em projetos de nível estudantil para interface entre dispositivos, tal como uma pequena rede de microcontroladores que não tem a necessidade de alta velocidade devido ao baixo nível de transmissão de dados.

Existem muitos chips de interface RS422 disponíveis no mercado. Um deles é MAX3488. Eles podem ser conectados à interface UART MCU, pois são RS232C.

As duas estruturas RS232C e RS422 são muito parecidas, mas não podemos esquecer que RS422 é multiponto, enquanto que RS232C é ponto a ponto.

> A única diferença entre RS232C e RS422 são as tensões de trabalho, mas o protocolo da transferência é o mesmo. Você pode trabalhar com ele como se fosse RS232C, porém muito mais imune a ruído e distâncias mais longas de transmissão.

Podemos ver na Figura 8.3 como se executa a ligação entre dois pontos.

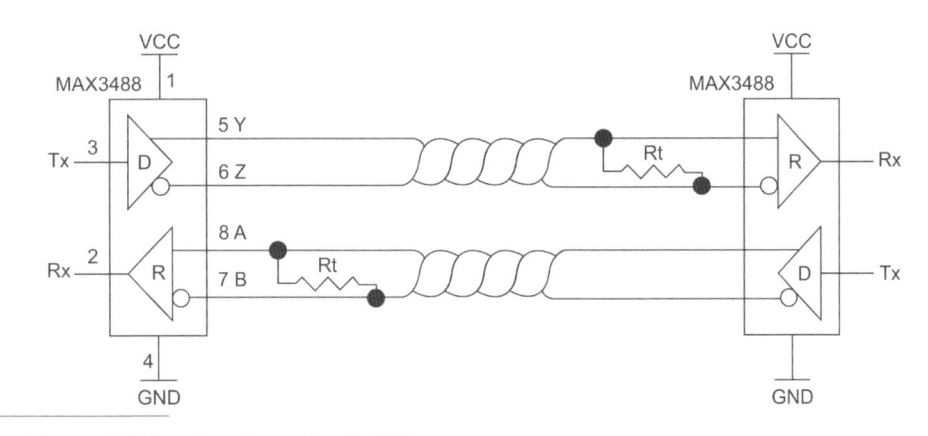

Figura 8.3 Ligação entre pontos RS422.

2 - Relação entre velocidade e distância

Tanto RS422 quanto RS485 são especificados em normas sobre a necessidade de um comprimento máximo de 1200 metros para os cabos de comunicação, devido ao fato de ocorrer perda de velocidade e qualidade do sinal se essa distância for maior. A velocidade máxima de comunicação depende das características dos equipamentos instalados, bem como da capacitância dos cabos de comunicação e dos resistores de terminação instalados no projeto. Da mesma forma que ocorre na comunicação RS232C, quanto mais longos os cabos, menor deve e será a velocidade de comunicação. A Figura 8.4 nos apresenta a relação entre a velocidade e o comprimento dos cabos.

A qualidade do conjunto variará de acordo com o tipo de cabo, as terminações, a topologia da rede, as interferências eletromagnéticas presentes no ambiente, bem como com a qualidade dos transmissores e receptores de cada dispositivo da rede.

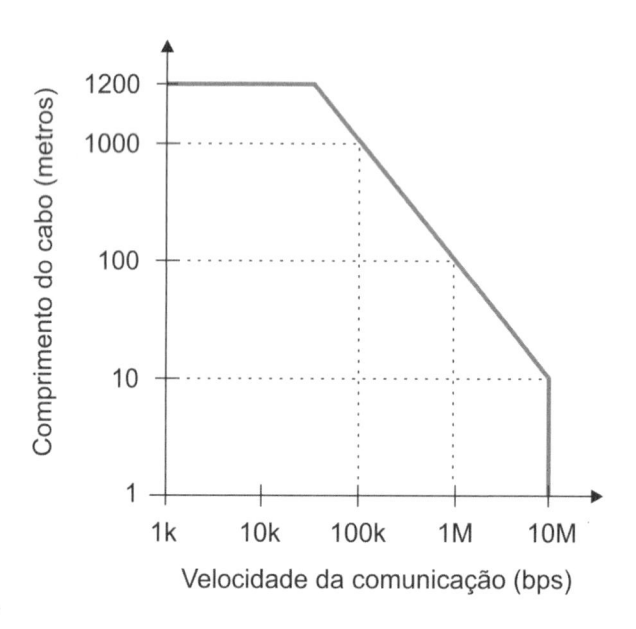

Figura 8.4 Relação entre velocidade e comprimento dos cabos.

3 - Diferenças entre RS422 e RS485

O RS485 é muito semelhante ao RS422, tanto que, muitas vezes, causa confusão, pois ambos são multidrop[1] e podem se comunicar através de razoável distância. Qual, então, deveríamos utilizar? Em primeiro lugar, o RS485 é geralmente um sistema de 2

---

[1] O termo multidrop é usado quando a rede não é peer-to-peer ou ponto a ponto. Dessa maneira, o termo multi-drop é o inverso de peer to peer.

fios, embora alguns fabricantes possam especificar o RS485 de 4 fios, o que não é comum e muito semelhante ao protocolo RS422. É importante que se tenha a visão de identificar qual deles está sendo empregado ao considerar um instrumento. Aqui estão algumas diferenças principais entre RS485 (de 2 fios) e RS422:

1. RS485 pode ter vários dispositivos de comando e vários dispositivos de escuta, já RS422 pode ter apenas um comandante e vários ouvintes.

2. A fiação de pinagem RS485 é mais fácil, pois você está lidando apenas com 2 fios em vez de 4.

3. A programação do RS485 é mais difícil. Uma vez que você está enviando e recebendo nos mesmos dois fios, você precisa ativar e desativar o transmissor no tempo correto para que possa realizar as comunicações apropriadas.

Na Figura 8.5, temos um exemplo de uma interface RS422 para ser utilizado em algum projeto que utilize microcontroladores.

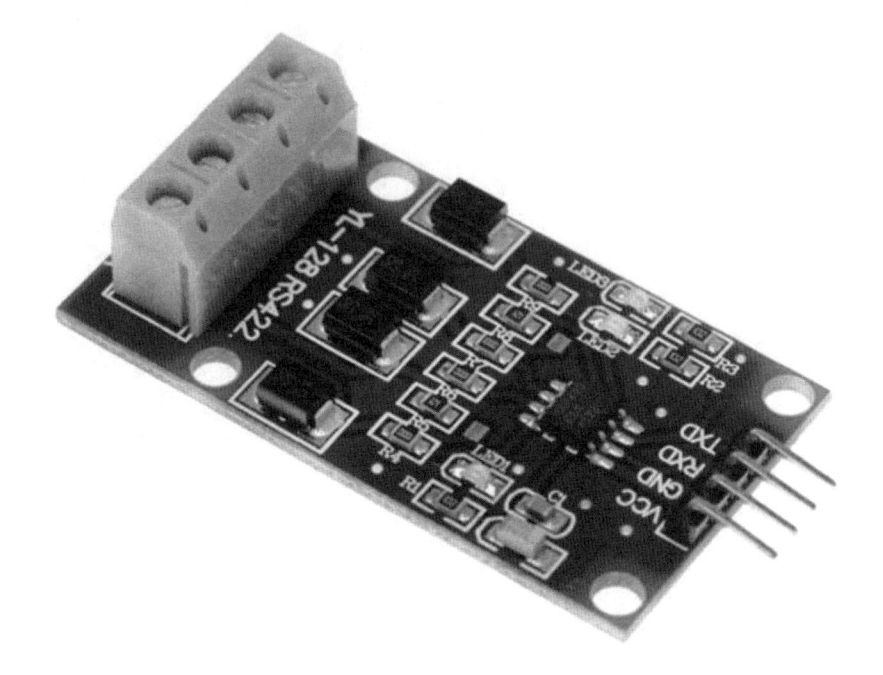

Fonte: https://www.arduiner.com

Figura 8.5 Típica interface RS422 para ser utilizada em microcontroladores.

4 - Exemplo de aplicação

Na Figura 8.6, temos um shield (adaptador) construído diretamente para ser encaixado em um Arduino, podendo conversar entre um Arduino e um PC via serial RS232C ou entre dois Arduinos, também via RS232C ou RS422/RS485.

Um exercício interessante seria fazer dois Arduinos conversarem via RS422. Para isso, precisamos de duas unidades de Arduinos e duas unidades da interface ilustrada na Figura 8.6.

Assim, realizamos a ligação como pede a Figura 8.1. Depois, podemos utilizar as várias bibliotecas prontas existentes na internet para usar a interface, produzindo uma comunicação entre as partes.

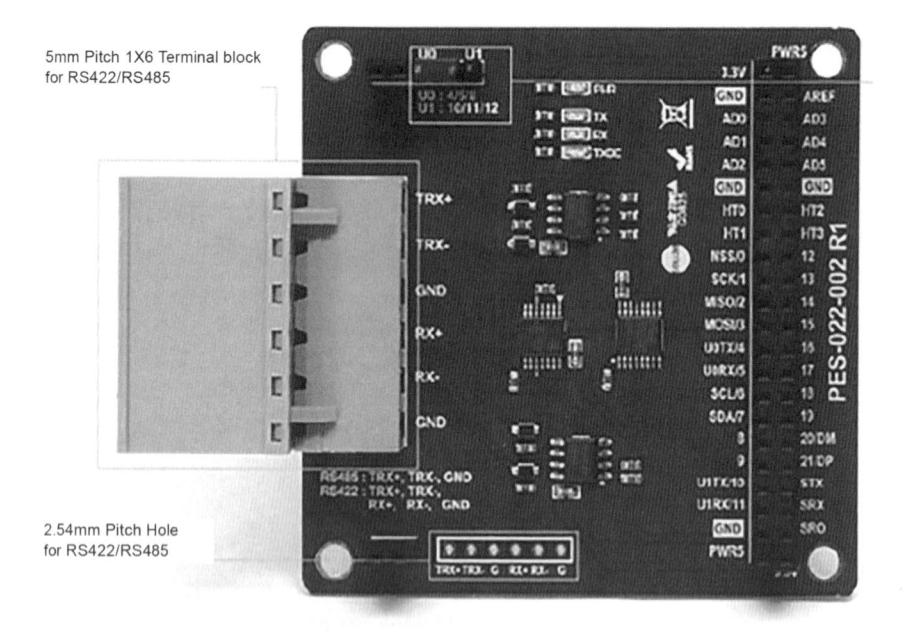

Fonte: https://www.iot-store.com.au

Figura 8.6 Interface RS422/RS485 para Arduino.

5 - Exercícios

1 – O que são os protocolos RS422 e RS485?

R.: Um protocolo parecido com RS232C, mas multiponto.

2 – Quais são as diferenças entre os protocolos RS422 e RS485?

R.:

- ☒ RS485 pode ter vários dispositivos de comando e vários dispositivos de escuta. RS422 pode ter apenas um comandante e vários ouvintes.

- ☒ A fiação de pinagem RS485 é mais fácil, pois você está lidando apenas com 2 fios em vez de 4.

- ☒ A programação do RS485 é mais difícil. Uma vez que você está enviando e recebendo nos mesmos dois fios, você precisa ativar e desativar o transmissor no tempo correto para que possa realizar as comunicações apropriadas.

3 – Existe algum compromisso entre as distâncias dos pontos?

R.: Tanto RS422 quanto RS485 trazem em suas normas a especificação da necessidade de um comprimento máximo de 1200 metros para os cabos de comunicação, devido ao fato de ocorrer perda de velocidade e qualidade do sinal se essa distância for maior. A velocidade máxima de comunicação depende das características dos equipamentos instalados, bem como da capacitância dos cabos de comunicação e dos resistores de terminação instalados no projeto. Da mesma forma que ocorre na comunicação RS232C, quanto mais longos os cabos, menor deve e será a velocidade de comunicação

4 – Qual é a função dos resistores terminadores?

R- Realizar o balanceamento da impedância do cabo.

5 – Como podemos fazer a compatibilidade entre RS232C e RS422?

R.: Utilizando ambos como rede ponto a ponto.

CAPÍTULO 9

PROTOCOLO USB

Este capítulo pretende abordar o protocolo USB em toda sua funcionalidade. Desenvolvido para simplificar as operações de comunicação de computadores pessoais, o USB se tornou um meio quase que universal de comunicação entre periféricos quando ligados aos computadores.

1 - Conceito

Universal Serial Bus (USB) é um conjunto de especificações de interface para comunicação por cabo de alta velocidade entre periféricos de sistemas eletrônicos e dispositivos, baseando-se em um PC ou um computador como host. O USB foi originalmente desenvolvido em 1995 por muitas empresas líderes da indústria, como Intel, Compaq, Microsoft, Digital, IBM e Northern Telecom.

O principal objetivo do protocolo USB é definir um barramento de expansão externa para adicionar periféricos a um PC e/ou computador de maneira fácil e simples. A nova arquitetura de expansão externa, destaca:

1. Hardware e software do controlador no host.

2. Conectores robustos e conjuntos de cabos.

3. Protocolos master-slave de periféricos amigáveis.

4. Expansível através de hubs com muitas portas.

O protocolo USB oferece aos usuários conectividade simples e elimina a mistura de diferentes conectores para diferentes dispositivos, como impressoras, teclados, mouses entre outros periféricos. Isso significa que o barramento USB permite que muitos periféricos sejam conectados usando um único socket de interface padronizado. Outra vantagem principal é que, no ambiente USB, não é necessário nenhum dispositivo de hardware para a configuração de endereços periféricos e IRQs, pois ele suporta todos os tipos de dados, desde entradas de mouse lento a áudio digitalizado e vídeo compactado.

USB também permite hot swapping, ou seja, permite que os dispositivos sejam conectados e desconectados sem reiniciar o computador ou desligar o dispositivo. Isso significa que, quando conectado, tudo se configura automaticamente. Portanto, o usuário não precisa se preocupar com terminações, termos como IRQs e endereços de portas, ou reinicializar o computador. Uma vez que o usuário terminar de utilizar o USB, ele pode simplesmente desconectar o cabo, o host detectará sua ausência e descarregará automaticamente o driver. Isso torna o USB uma interface plug and play, entre um computador e dispositivos ligados a ele.

O carregamento do driver apropriado é feito usando uma combinação PID/VID (Product ID, em que esse ID é do fornecedor). O VID é fornecido pelo fórum USB — precisa ser adquirido junto ao fórum USB e tem um custo. A Figura 9.1 apresenta o famoso desenho padrão do USB.

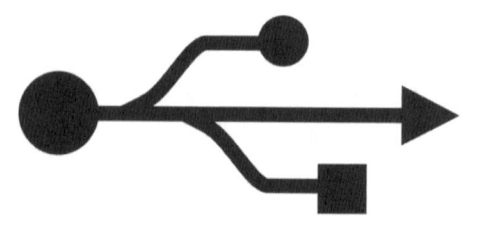

Figura 9.1 O logotipo "Trident" do USB.

O protocolo USB já substituiu o RS232C e outras comunicações paralelas antigas em muitas aplicações. Atualmente, o USB é a interface mais usada para conectar dispositivos como mouses, teclados, PDAs, scanners, câmeras digitais, impressoras, media players pessoais e drives flash para computadores pessoais. De um modo geral, o USB é a interconexão mais bem-sucedida da história da computação pessoal, tendo migrado para produtos eletrônicos de consumo e produtos móveis.

2 - Versões do USB

2.1 USB 1.0

A versão 0.7 da definição de interface USB foi lançada em novembro de 1994. O USB 1.0 é a versão original do USB com a capacidade de transferir 12 Mbps, suportando até 127 dispositivos. Como sabemos, foi um esforço combinado de alguns grandes players do mercado para definir uma nova interface geral de dispositivos para computadores. Esse modelo de especificação USB 1.0 foi introduzido em janeiro de 1996. A taxa de transferência de dados dessa versão, que é conhecida como USB de alta velocidade, pode acomodar uma ampla gama de dispositivos.

Desde outubro de 1996, os sistemas operacionais Windows foram equipados com drivers USB ou software especial projetado para trabalhar com formas de dispositivos de E/S específicos. O USB foi integrado ao Windows 98 e versões posteriores. Hoje, a maioria dos novos computadores e dispositivos periféricos é equipada com USB.

2.2 USB 1.1

Essa versão, datada de setembro de 1998, veio para ajudar a corrigir os problemas de adoção que ocorreram com versões anteriores, principalmente as relacionadas a hubs.

O USB 1.1 também é conhecido como full-speed e é semelhante à versão original do USB. No entanto, existem pequenas modificações para o hardware e para as especificações. A versão 1.1 do USB suportava duas velocidades, um modo de velocidade total de 12 Mbits/s e um modo de baixa velocidade de 1.5 Mbits/s. O modo 1.5 Mbits/s é mais lento e menos suscetível a EMI.

2.3 USB 2.0

A Hewlett-Packard, a Intel, a LSI Corporation, a Microsoft, a NEC e a Philips lideraram conjuntamente a iniciativa de desenvolver uma taxa de transferência de dados superior às especificações 1.1. A especificação USB 2.0 foi lançada em abril de 2000 e padronizada no final de 2001. Essa padronização da nova especificação do dispositivo possibilitou a compatibilidade com versões anteriores, o que significa que também é capaz de suportar dispositivos e cabos USB 1.0 e 1.1.

Com suporte a três modos de velocidade (1,5, 12 e 480 Mbits/s), o USB 2.0 suporta dispositivos de baixa largura de banda, como teclados e mouses, bem como de alta largura de banda, como webcams de alta resolução, scanners, impressoras e sistema com alta capacidade de armazenamento.

O USB 2.0, também conhecido como USB de alta velocidade, é capaz de suportar uma taxa de transferência de até 480 Mbps, em comparação com 12 Mbps de USB 1.1. Isso é cerca de 40 vezes mais rápido! Uau!

2.4 USB 3.0

O USB 3.0 é a versão mais recente da versão USB e é chamado de Super-Speed USB, com uma taxa de transferência de dados de 4,8 Gbit/s (600 MB/s). Isso significa que ele pode oferecer mais de 10 vezes a velocidade da USB atual chamada de Hi-Speed USB.

A especificação USB 3.0 foi lançada pela Intel e seus parceiros em agosto de 2008. A tecnologia visa a rápida transferência e sincronização de aplicativos de PC para atender às demandas de consumer electronics e segmentos móveis focados em conteúdo digital de alta densidade e mídia.

O USB 3.0 também é um padrão compatível com versões anteriores, possuindo o mesmo plug and play e outros recursos das tecnologias USB anteriores. A tecnologia baseia-se na mesma arquitetura de USB com fio. Além disso, a especificação USB 3.0 foi otimizada para baixo consumo de energia e eficiência de protocolo aprimorada.

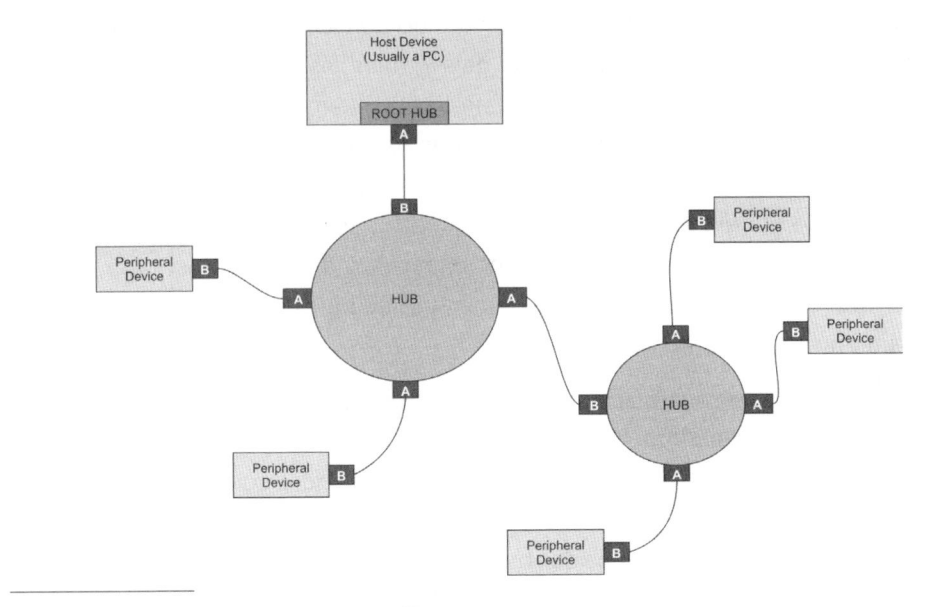

Figura 9.2 Visão global do padrão USB.

3 - Visão geral do sistema USB

O sistema USB é composto por um host, múltiplos números de portas USB e vários dispositivos periféricos conectados em uma topologia de estrela em camadas. Para expandir o número de portas USB, os hubs USB podem ser incluídos nas camadas, permitindo a ramificação em uma estrutura de árvore com até cinco níveis de camada. Na Figura 9.2, podemos ter uma visão global do padrão USB.

A topologia de estrela em camadas tem alguns benefícios. Em primeiro lugar, a alimentação de cada dispositivo pode ser monitorizada, e até mesmo desligada, se ocorrer uma condição de sobrecorrente sem interromper outros dispositivos USB. Ambos os dispositivos de alta, plena e baixa velocidades podem ser suportados, com o hub filtrando as transações de alta velocidade e velocidade máxima, para dispositivos de velocidade mais baixa não os receber.

O USB é, na verdade, um sistema de barramento endereçável, com um código de endereço de 7 bits. Assim, ele pode suportar até 127 dispositivos diferentes ou nós de uma só vez (o código "todos os zeros" não é um endereço válido). No entanto, ele pode ter apenas um host: o próprio PC. Assim, um PC, com seus periféricos ligados através do USB, forma uma estrela de rede local (LAN).

Por outro lado, qualquer dispositivo conectado ao USB pode ter um número de outros nós conectados a ele em forma de daisy-chain[1], assim que pode igualmente formar o cubo para uma sub-rede da miniestrela. Da mesma forma, é possível ter um dispositivo, que funciona puramente como um hub para outros dispositivos de nó, sem função própria separada. Essa expansão via hubs é possível por que o USB suporta uma topologia de estrela em camadas. Cada hubo USB funciona como um tipo de polícia de trânsito de sua parte da rede, encaminhando dados do host para seu endereço correto e impedindo conflitos de contenção de barramento entre dispositivos que tentam enviar dados ao mesmo tempo.

Em um dispositivo de hub USB, a porta única usada para conectar ao PC host, diretamente ou por meio de outro hub, é conhecida como a porta upstream, enquanto as portas usadas para conectar outros dispositivos ao USB são conhecidas como as portas downstream. Os hubs USB funcionam de forma transparente, tanto quanto o PC host e seu sistema operacional estão em causa. A maioria dos hubs fornece quatro ou sete portas downstream ou menos se eles já incluem um dispositivo USB próprio.

> O host é o master do sistema USB e, como tal, controla e agenda todas as atividades de comunicação. Os periféricos,— dispositivos controlados por USB — são slaves que respondem aos comandos do host. Os dispositivos USB são ligados em série através de hubs — existe sempre um hub conhecido como o hub raiz, que é incorporado no controlador do host.

Um dispositivo USB físico pode consistir em vários subdispositivos lógicos que são referidos como funções do dispositivo. Um único dispositivo pode fornecer várias funções, por exemplo, uma web cam (função de dispositivo de vídeo) com um microfone incorporado (função de dispositivo de áudio). Em suma, a especificação USB reconhece dois tipos de periféricos: stand-alone (unidades de função única, como um mouse) ou dispositivos compostos, como câmera de vídeo com processador de áudio separado.

O host de conexão de canal lógico para a extremidade periférica é chamado pipes em USB. Um dispositivo USB pode ter 16 tubos entrando no controlador host e 16 saindo do controlador.

---

1 Termo usado para ligação em cascata.

Os tubos são unidirecionais. Cada interface está associada a uma única função de dispositivo e é formada agrupando pontos de extremidade.

Os hubs são pontes. Eles expandem o fanout[2] lógico e físico da rede. Um hub tem uma única conexão upstream (que vai para o hub raiz ou para o próximo hub mais perto da raiz) e uma para muitas conexões downstream.

Hubs próprios são considerados como dispositivos USB e podem incorporar alguma quantidade de inteligência. Sabemos que, em USB, os usuários podem co-nectar e remover periféricos sem desligar todo o sistema. Os hubs detectam essas alterações de topologia e também fornecem energia para a rede USB. A energia pode vir do próprio hub (se ele tem uma fonte de alimentação incorporada) ou pode ser passada através de um hub upstream.

4 - Conectores USB e a fonte de alimentação

Conectar um dispositivo USB a um computador é muito simples – você encontra o conector USB na parte traseira de sua máquina e conecta o USB nele. Se for um novo dispositivo, o sistema operacional o detecta automaticamente e solicita o disco do driver. Se o dispositivo já tiver sido instalado, o computador ativa e começa a "falar" com ele.

O padrão USB especifica dois tipos de cabos e conectores. O cabo USB normalmente tem, em uma extremidade, um conector A e um B na outra. Isso significa que os disposi-tivos USB terão uma conexão A nele. Se não, então o dispositivo tem um socket sobre ele que aceita um conector USB "B".

Na Figura 9.3, temos um desenho dos padrões A e B do conector USB. O padrão USB usa conectores A e B principalmente para evitar confusão:

1. Conectores tipo A são "upstream" e conectam em direção ao computador.

2. Conectores tipo B são "downstream" e conectam a dispositivos individuais.

---

2 Fanout é um termo usado para designar a quantidade de dispositivos lógicos que podemos ligar em uma determinada saída.

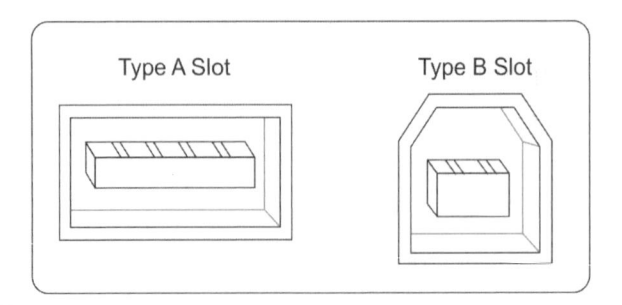

Figura 9.3 Padrão de conector tipo A e B.

Usando conectores diferentes na extremidade a montante e a jusante, é impossível instalar um cabo incorretamente, porque os dois tipos são fisicamente diferentes.

Cabos USB individuais podem executar até 5 metros para conexões de 12 Mbps e 3 metros para 1,5 Mbps. Com hubs, os dispositivos podem ter até 30 metros (6 cabos de valor) longe do host. Aqui, os cabos de alta velocidade para comunicação de 12 Mbps são melhor protegidos do que seus equivalentes de 1,5 Mbps menos caros. A especificação USB 2.0 indica que o atraso do cabo deve ser inferior a 5,2ns por metro

Dentro do cabo USB, há dois fios que fornecem a alimentação para os periféricos ±5 volts (vermelho) e terra (marrom) — e um par trançado (amarelo e azul) de fios para transportar os dados. Nos fios de alimentação, o computador pode fornecer até 500 miliamperes de potência a 5 volts. Um periférico que extrai até 100ma pode extrair toda sua energia da fiação do barramento o tempo todo. Se o dispositivo precisa de mais de 0,5A, então ele deve ter sua própria fonte de alimentação. Isso significa que os dispositivos de baixa potência, como mouses, podem extrair sua energia diretamente do barramento. Dispositivos de alta potência, como impressoras, têm suas próprias fontes de alimentação e extraem energia mínima do barramento. Os hubs podem ter suas próprias fontes de alimentação para fornecer energia aos dispositivos conectados ao hub.

Na Figura 9.4, temos os pinos do conector USB, que são definidos da seguinte forma:

- ☒ 1 = VCC => Alimentação de 5V   = Fio vermelho
- ☒ 2 = -D   => Data -   = Fio branco
- ☒ 3 = +D => Data +   = Fio verde
- ☒ 4 = GND => Terra   = Fio preto

Os hosts e hubs USB gerenciam a alimentação ao habilitar e desabilitar a energia de dispositivos individuais para remover eletricamente os periféricos malcomportados do sistema. Além disso, eles podem instruir os dispositivos a entrarem no estado de suspensão, o que reduz o consumo máximo de energia para 0,5A (para dispositivos de baixa potência, 1,5 Mbps) ou 2.5ma para dispositivos de 12 Mbps.

Em suma, o USB é um protocolo serial e link físico, que transmite todos os dados diferencialmente em um único par de fios. Outro par fornece energia para os periféricos a jusante.

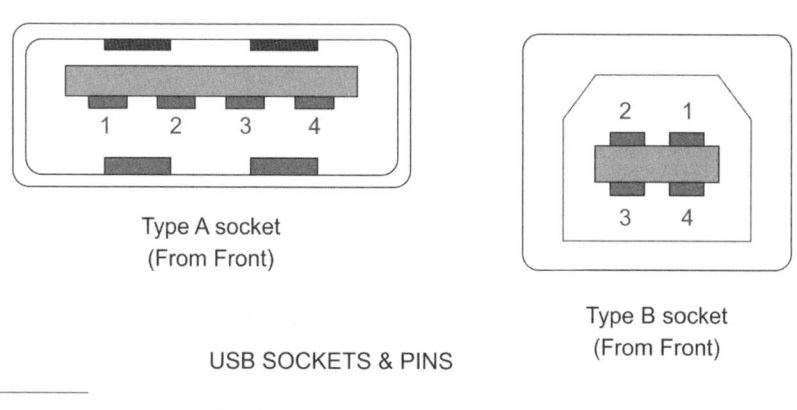

Type A socket
(From Front)

USB SOCKETS & PINS

Type B socket
(From Front)

Figura 9.4 Sockets e pinos (pins) das conexões USB.

Observe que, embora os cabos USB com um soquete tipo A em cada extremidade estejam disponíveis, eles nunca devem ser usados para conectar dois PCs juntos, por meio de suas portas USB. Isso ocorre por que uma rede USB só pode ter um host e ambos tentariam reivindicar esse papel.

Também ambas as portas vão fornecer os 5V de energia em conjunto, o que poderia causar uma corrente prejudicial para o fluxo. O USB não foi projetado para transferência direta de dados entre os PCs.

No entanto, a técnica de "compartilhamento de hubs" permite que vários computadores acessem o(s) mesmo(s) dispositivo(s) periférico(s) e altere o acesso entre os PCs, automaticamente ou manualmente.

5 - Sinalização elétrica USB

Os dados em série são enviados ao longo do USB no modo diferencial ou push-
-pull, com polaridades opostas nas duas linhas de sinal. Isso melhora a relação

sinal–ruído, dobrando a amplitude de sinal eficaz e, também, permitindo o cancelamento de qualquer ruído de modo comum induzido no cabo. Os dados são enviados em formato NRTZ (Non-Return To Zero). Para garantir uma densidade mínima de transições de sinal, o USB usa recheio de bits — um bit 0 extra é inserido no fluxo de dados após qualquer aparência de seis bits consecutivos 1. Sete bits 1 consecutivos são sempre considerados como um erro.

O barramento USB de baixa velocidade tem impedância característica de 90 ohms, ± 15%. As linhas de sinal do cabo de dados são rotuladas como D+ e D-. Os níveis de sinal transmitidos são os seguintes:

1. 0.0V a 0.3V, para o nível baixo, e 2.8V a 3.6V, para o nível elevado, nos modos da velocidade máxima (FS) e da baixa velocidade (LS).

2. -10mV a 10mV, para o nível baixo, e 360mV a 440mV, para o nível elevado, no modo de alta velocidade (HS).

No modo FS, os fios dos cabos não terminam, mas o modo HS tem uma terminação de 45° para terra ou 90° diferencial para corresponder à impedância do cabo de dados.

Como já discutimos, a conexão USB está sempre entre um host/hub na extremidade do conector A e um dispositivo ou porta de upstream do hub na outra. O host inclui um resistor de 15k pull-down em cada linha de dados. Quando nenhum dispositivo está conectado, isso puxa ambas as linhas de dados baixas para o chamado estado de zero — Single-Ended (SE0) — e indica uma conexão reinicializada ou desconectada.

Um dispositivo USB puxa uma das linhas de dados com um resistor de 1.5k. Isso ultrapassa uma das resistências pull-down no host e deixa as linhas de dados em um estado ocioso, chamado J. A escolha da linha de dados indica o suporte de velocidade de um dispositivo; dispositivos de alta velocidade puxam D+ alto, enquanto os dispositivos de baixa velocidade puxam D- alto. De facto, os dados são transmitidos alternando as linhas de dados entre o estado J e o estado K oposto.

Um barramento USB é reiniciado usando um sinal SE0 prolongado (10 a 20 milissegundos). Dispositivos USB 2.0 usam um protocolo especial durante a reinicialização, chamado chirping, para negociar o modo de alta velocidade com o host/hub. Primeiramente, um dispositivo que é HS capaz se conecta como um dispositivo FS (D+ puxado alto), mas, ao receber um USB RESET (D+ e D-driven LOW por host de 10 a 20mS), puxa a linha D- alta. Se o host/hub é também HS capaz, chirps retornam, alternando J e K estados em D- e D+ linhas, deixando o dispositivo saber que o hub funcionará em alta velocidade.

6 - Como USB se comunica?

Quando um dispositivo periférico USB é conectado pela primeira vez à rede, um processo denominado processo de enumeração é iniciado. Essa é a maneira pela qual o host se comunica com o dispositivo para aprender sua identidade e descobrir qual driver de dispositivo é necessário. A enumeração começa enviando um sinal de reset para o dispositivo USB recém-conectado. A velocidade do dispositivo USB é determinada durante a sinalização de reset. Depois de redefinir, o host lê as informações do dispositivo USB e, em seguida, ao dispositivo é atribuído um único endereço de 7 bits (será discutido na próxima seção). Isso evita as dores de cabeça DIP-switch e IRQ dos métodos de comunicação anteriores do dispositivo. Se o dispositivo for suportado pelo anfitrião, os controladores de dispositivo necessários para comunicar com o dispositivo são carregados e o dispositivo é definido para um estado configurado. Uma vez que um hub detecta um novo periférico (ou mesmo a remoção de um), ele realmente relata as novas informações sobre o periférico para o host e permite a comunicação com ele. Se o host USB for reiniciado, o processo de enumeração será repetido para todos os dispositivos conectados.

Em outras palavras, o processo de enumeração é iniciado quando o host é ligado e um dispositivo conectado ou removido da rede.

Tecnicamente falando, as comunicações USB ocorrem entre o host e endpoints localizados nos periféricos. Um ponto final é uma parte exclusivamente endereçável do periférico, que é a fonte ou o receptor de dados. Quatro bits definem o endereço de endpoint do dispositivo. Códigos também indicam direção de transferência e se a transação é uma transferência de "controle" (será discutida mais tarde em detalhes). O endpoint 0 é reservado para transferências de controle, deixando até 15 destinos bidirecionais ou fontes de dados dentro de cada dispositivo. Todos os dispositivos devem suportar o nó de extremidade zero, porque esse é o ponto de extremidade que recebe todos os dispositivos de controle e solicitações de status durante a enumeração e durante todo o tempo enquanto o dispositivo está operacional no barramento.

Todas as transferências em USB ocorrem através de pipes virtuais que conectam os endpoints do periférico com o host. Ao estabelecer comunicações com o periférico, cada ponto final retorna um descritor, uma estrutura de dados que informa ao host sobre a configuração e as expectativas do nó de extremidade. Os descritores incluem o tipo de transferência, tamanho máximo de pacotes de dados, talvez o intervalo para transferências de dados e, em alguns casos, a largura de banda necessária. Dados esses dados, o host estabelece conexões com os pontos de extremidade através de pipes virtuais.

Embora configurado fisicamente como uma estrela em camadas, logicamente (para o código do aplicativo) existe uma conexão direta entre o host e cada dispositivo.

O controlador do host examina o barramento para o tráfego, geralmente de uma maneira round-robin, assim nenhum dispositivo USB pode transferir quaisquer dados no barramento sem um pedido explícito do controlador host.

USB pode suportar quatro tipos de transferência de dados ou modo de transferência, que estão listados abaixo.

1. Controle.
2. Isócrono.
3. Em massa.
4. Interrupção.

O controle transfere a configuração da troca, a instalação e as informações do comando entre o dispositivo e o host, que também pode enviar comandos ou parâmetros de consulta com pacotes de controle.

Transferência isócrono é usada por tempo crítico, dispositivo de fluxo, como alto-falantes e câmeras de vídeo. É informação sensível ao tempo, portanto, dentro das limitações, tem garantido o acesso ao barramento USB. Fluxos de dados entre o dispositivo e o host em tempo real, e assim não haverá qualquer correção de erro.

A transferência em massa é usada pelo dispositivo como impressoras e scanners, que recebem dados em um grande pacote. Aqui a entrega atempada não é crítica. As transferências em massa são preenchimentos, reivindicando a largura de banda USB não utilizada quando nada mais importante está acontecendo. A correção de erro protege esses pacotes.

As transferências de interrupção são usadas por periféricos trocando pequenas quantidades de dados que precisam de atenção imediata. Ele é usado por dispositivos para solicitar manutenção a partir do PC/host. Dispositivos como um mouse ou um teclado vem nesta categoria. A verificação de erros valida os dados.

Conforme os dispositivos são enumerados, o host está mantendo o controle da largura de banda total que todos os dispositivos isócronos e de interrupção estão solicitando. Eles podem consumir até 90% dos 480 Mbps de largura de banda que está disponível. Após 90% é usado para cima, o anfitrião nega o acesso a quaisquer outros dispositivos isócronos ou de interrupção. Pacotes de controle e pacotes para transferências em massa usam qualquer largura de banda restante (pelo menos 10%).

O USB divide a largura de banda disponível em quadros, e o host controla os quadros. Os quadros contêm 1.500 bytes e um novo quadro começa a cada milissegundo. Durante uma moldura, os dispositivos isócronos e de interrupção obtêm uma ranhura, garantindo assim a largura de banda de que necessitam. As transferências em massa e de controle usam qualquer espaço disponível.

7 - Pacotes e formatos USB

Todos os dados USB são enviados em série, é claro, e o bit menos significativo (LSB) primeiro. A transferência das informações na USB é essencialmente na forma de pacotes de dados, enviado para frente e para trás entre o host e os dispositivos periféricos. Inicialmente, todos os pacotes são enviados do host, através do hub raiz e, possivelmente, de mais hubs, para dispositivos. Alguns desses pacotes dirigem um dispositivo para enviar alguns pacotes em resposta.

Cada transferência de dados USB consiste em:

1. Token Packet (cabeçalho que define o que esperar a seguir).
2. Pacote de dados opcional (que contém a carga útil).
3. Status Packet (usado para reconhecer transações e fornecer um meio de correção de erros).

Como já discutimos, o host inicia todas as transações. O primeiro pacote, também chamado de token, é gerado pelo host para descrever o que está a seguir e se a transferência de dados será uma leitura ou gravação e qual é o endereço do dispositivo e o ponto de extremidade designado. O próximo pacote é, geralmente, um pacote de dados que transporta as informações de conteúdo e é seguido por um pacote de handshaking, informando se os dados ou token foram recebidos com êxito, ou se o ponto de extremidade está parado ou não está disponível para aceitar dados.

Na Figura 9.5, temos o pacote de handshake da comunicação USB na versão 1.0 e 1.1.

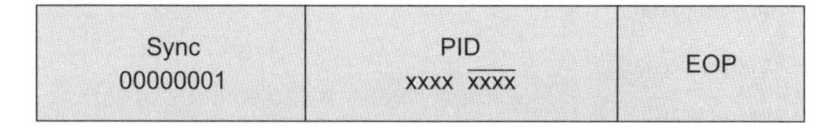

HANDSHAKE PACKET FORMAT

Figura 9.5 Formato dos pacotes de handshake para o USB 1.0 e USB 1.1

8 - Constituição dos pacotes USB

1. **Campo de sincronização:** todos os pacotes começam com esse campo de sincronização, que tem 8 bits de comprimento a baixa e plena velocidade ou 32 bits de comprimento para alta velocidade e é usado para sincronizar o clock do receptor com o do transmissor. Os dois últimos bits indicam onde os campos PID são iniciados.

2. **Campo PID:** esse campo (ID do pacote) é usado para identificar o tipo de pacote que está sendo enviado. O PID é realmente 4 bits; o byte consiste no PID de 4 bits seguido por seu complemento bitwise, fazendo um PID de 8 bits no total. Essa redundância ajuda a detectar erros.

3. **Campo ADDR:** o campo de endereço especifica para qual dispositivo o pacote foi designado, sendo que 7 bits de comprimento permite que 127 dispositivos sejam suportados.

4. **Campo ENDP:** esse campo é composto de 4 bits, permitindo 16 pontos de extremidade possíveis. Dispositivos de baixa velocidade, no entanto, podem ter apenas 2 pontos de extremidade adicionais no topo do pipe padrão.

5. **Campo CRC:** as verificações de redundância cíclica são realizadas nos dados dentro da carga útil do pacote. Todos os pacotes de token têm um CRC de 5 bits, enquanto os pacotes de dados têm um CRC de 16 bits.

6. **Campo EOP:** Indica o fim do pacote. Sinalizado por um bit chamado de "Zero Terminado Individual" (SE0) que gasta aproximadamente 2 tempos de um bit de transmissão, seguidos por um sinal J de um bit de transmissão.

Os pacotes USB vêm em quatro tipos básicos, cada um com um formato diferente, e campo CRC:

1. Pacotes de handshake.

2. Pacotes token.

3. Pacotes de dados.

4. Pacote PRE.

5. Início dos pacotes de quadros.

8.1 Pacotes de handshake

Consistem em um byte PID e, geralmente, são enviados em resposta a pacotes de dados. Os três tipos básicos de pacotes de handshake são:

1. ACK, indicando que os dados foram recebidos com sucesso.

2. NAK, indicando que os dados não podem ser recebidos naquele momento e devem ser repetidos.

3. STALL, indicando que o dispositivo tem um erro e nunca será capaz de transferir dados com êxito até que alguma ação corretiva seja realizada.

O USB 2.0 adicionou dois pacotes de handshake adicionais.

1. NYET, que indica que uma transação dividida ainda não está completa.

2. ERR handshake, para indicar que uma transação de divisão falhou.

O único pacote de handshake que o host USB pode gerar é ACK; se ele não está pronto para receber dados, não deve instruir um dispositivo para enviar.

8.2 Pacotes de token

Os pacotes de token consistem em um byte PID seguido por 11 bits de endereço e um CRC de 5 bits. Tokens são enviados apenas pelo host, não por um dispositivo.

Existem três tipos de pacotes de token:

1. **No token:** informa ao dispositivo USB que o host deseja ler as informações.

2. **Out token:** informa ao dispositivo USB que o host deseja enviar informações.

3. **Token de configuração:** usado para iniciar transferências de controle.

Os tokens IN e OUT contêm um número de dispositivo de 7 bits e um número de função de 4 bits (para dispositivos multifuncionais), e ordenam ao dispositivo que transmita pacotes de dados ou receba os seguintes pacotes de dados, respectivamente.

Um token IN espera uma resposta de um dispositivo. A resposta pode ser uma resposta NAK ou STALL, ou uma moldura DATA. Nesse último caso, o anfitrião emite um

ACK handshake se apropriado. Um token OUT é seguido imediatamente por um quadro DATA. O dispositivo responde com ACK, NAK ou STALL, conforme apropriado.

SETUP funciona como um token OUT, mas é usado para a configuração inicial do dispositivo.

Na Figura 9.6 temos o formato dos pacotes de handshake para USB 2.0.

Sync 00000001	PID xxxx x̄x̄x̄x̄	Device Address xxxxxxx	End Point xxxx	CRC 5-Bit xxxx	EOP

TOKEN PACKET FORMAT

Figura 9.6 Formato dos pacotes de handshake para o USB 2.0.

O protocolo USB 2.0 adicionou um token PING, que solicita um dispositivo caso esse esteja pronto para receber um par de pacotes OUT/DATA. O dispositivo responde com ACK, NAK ou STALL, conforme apropriado. Isso evita a necessidade de enviar o pacote de dados se o dispositivo sabe que ele vai apenas responder com NAK.

O protocolo USB 2.0 também adicionou um token SPLIT maior com um número de hub de 7 bits, 12 bits de sinalizadores de controle e um CRC de 5 bits. Isso é usado para realizar transações de divisão. Em vez de amarrar o barramento USB de alta velocidade, enviando dados para um dispositivo USB mais lento, o hub capaz de alta velocidade mais próximo recebe um token SPLIT, seguido de um ou dois pacotes USB em alta velocidade, executa a transferência de dados a baixa ou alta velocidade e fornece a resposta em alta velocidade, quando solicitado por um segundo token SPLIT.

8.3 Pacotes de dados

Existem dois pacotes de dados básicos, DATA0 e DATA1. Ambos consistem em um campo DATA PID, 0–1023 bytes de carga de dados e um CRC de 16 bits. Eles devem ser sempre precedidos por um token de endereço e são geralmente seguidos por um token de handshake do receptor de volta para o transmissor.

1. O tamanho máximo da carga útil de dados para dispositivos de baixa velocidade é de 8 bytes.

2. O tamanho máximo da carga útil de dados para dispositivos de velocidade total é 1023 bytes.

3. O tamanho máximo da carga útil de dados para dispositivos de alta velocidade é 1024 bytes.

4. Os dados devem ser enviados em múltiplos de bytes.

Na Figura 9.7, podemos ver como são estruturados os pacotes de dados.

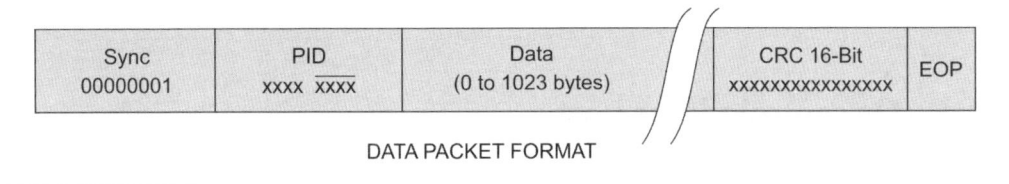

DATA PACKET FORMAT

Figura 9.7 Formato dos pacotes de dados.

8.4 Pacotes PRE

Os dispositivos de baixa velocidade são suportados com um valor PID especial, PRE. Isso marca o início de um pacote de baixa velocidade e é usado por hubs, que, normalmente, não enviam pacotes de alta velocidade para dispositivos de baixa velocidade.

Como todos os bytes PID incluem quatro 0 bits, eles deixam o barramento no estado K de plena velocidade, que é o mesmo que o estado J de baixa velocidade. É seguido por uma breve pausa, durante a qual os hubs permitem suas saídas de baixa velocidade, já em marcha lenta no estado J. Então, um pacote de baixa velocidade segue, começando com uma sequência de sincronização e byte PID e terminando com um breve período de SE0. Dispositivos de velocidade máxima, que não hubs, podem simplesmente ignorar o pacote PRE e seu conteúdo de baixa velocidade, até que o SE0 final indique que um novo pacote segue.

8.5 Início dos pacotes de quadros

A cada 1ms (12.000 bits de velocidade total), o host USB transmite um token SOF (Start Of Frame) especial, contendo um número de quadro de incremento de 11 bits em vez do endereço de um dispositivo. Isso é usado para sincronizar fluxos de dados isócronos. Os dispositivos USB 2.0 de alta velocidade recebem 7 tokens SOF duplicados adicionais por quadro, cada um introduzindo um microframe de 125μs.

Na Figura 9.8 temos o formato dos pacotes SOF.

Sync 00000001	PID xxxx $\overline{xxxx}$	Frame number xxxxxxxxxxx	End Point xxxx	CRC xxxxx	EOP

START OF FRAME PACKET FORMAT

Figura 9.8 Formato dos pacotes de SOF

9 - Os controladores host

Como sabemos, o controlador host e o hub raiz fazem parte do hardware do computador. A interface entre o programador e esse controlador de host é feita por um dispositivo chamado Host Controller Device (HCD), que é definido pelo implementador de hardware.

Na versão 1.x, havia duas implementações de HCD concorrentes, a Interface de Controlador de Host Aberta (OHCI) e a Universal Host Controller Interface (UHCI). A OHCI foi desenvolvida pela Compaq, Microsoft e National Semiconductor. UHCI e sua pilha de software aberto foram desenvolvidas pela Intel. A VIA Technologies licenciou o padrão UHCI da Intel. Todos os outros implementadores de conjunto de chips usam OHCI. Na versão 1.x, havia duas implementações de HCD concorrentes, Interface de Controlador de Host Aberta (OHCI) e Universal Host Controller Interface (UHCI). OHCI foi desenvolvido pela Compaq, Microsoft e National Semiconductor.

UHCI e sua pilha de software aberto foram desenvolvidos pela Intel. A VIA Technologies licenciou o padrão UHCI da Intel; Todos os outros implementadores de conjunto de chips usam OHCI. UHCI é uma implementação feita muitas vezes por software, fazendo assim UHCI ligeiramente mais executado via processador do que OHCI que acaba sendo mais barato para se executar.

Com a introdução do USB 2.0, foi necessária uma nova especificação de interface do Host Controller para descrever os detalhes do nível de registro específicos do USB 2.0. A implementação do USB 2.0 HCD é chamada de Enhanced Host Controller Interface (EHCI). Somente o EHCI pode suportar transferências de alta velocidade (480 Mbits/s). A maioria dos controladores EHCI baseados em PCI contêm outras implementações de HCD, chamadas de controlador de host complementar, para suportar velocidade máxima (12 Mbits/s) e pode ser usada para qualquer dispositivo que afirme ser membro de uma determinada classe. Um sistema operacional é suposto para implementar todas as classes de dispositivo, de modo a fornecer drivers genéricos para qualquer dispositivo USB.

Lembre-se: a especificação USB não especifica qualquer interface HCD. O USB define o formato de transferência de dados através da porta, mas não o sistema pelo qual o hardware USB se comunica com o computador no qual ele se encontra.

10 - Classes de dispositivos

O protocolo USB utiliza o que se chama de código de classes para identificar qual será a funcionalidade de um dispositivo USB quando o este for conectado a um outro dispositivo. Desse modo, em um mesmo produto USB podemos ter várias classificações quanto ao seu funcionamento, aplicação etc, dependendo do código de classe existente.

Esses códigos estão dentro do que chamamos de descritor, que é enviado ao host (hospedeiro, por exemplo uma máquina baseada no sistema operacional Windows) quando há conexão física entre o dispositivo e o host.

Há dois lugares em um dispositivo onde informações de código de classe podem ser colocadas. Um lugar está no device descriptor (descritor de dispositivo), e o outro está em interface descriptor (descritor de interface). Alguns códigos de classe definidos podem ser usados somente em um descritor de dispositivo, outros podem ser usados em descritores de dispositivo e de interface, e alguns podem ser usados somente em descritores de interface.

Assim sendo, dependendo do que ficou declarado no descritor, vamos ter cinco tipos de conexão USB:

☒ **USB HID teclado:** quando o dispositivo conectado a um master, como um PC por exemplo, envia dados como se ele, enquanto dispositivo, fosse um teclado. Às vezes, o dispositivo é um teclado, mas nem sempre. Por exemplo, um leitor de código de barras pode se declarar pelo descritor como sendo um teclado e, assim que realiza a leitura de um código de barras, envia para o master dentro do padrão HID os caracteres em formação teclado. O master, ao receber os dados, trata-os como vindo de um teclado.

Para usar esse modelo, não há necessidade de nenhum recurso especial, apenas um editor de texto ou algo assim para receber os dados vindo pela porta USB pois está sendo simulado um teclado ou é verdadeiramente um teclado.

☒ **USB HID mouse:** nesse caso, quando o dispositivo está conectado a um master, um PC por exemplo, ele informa ao master (PC), via descritor, qual o tipo de USB em curso, no caso, um mouse.

Para usar esse modelo, não há necessidade de nenhum recurso especial, apenas receber os dados dentro de um ambiente preparado para mouse, vindo pela porta USB pois está sendo simulado um mouse ou é verdadeiramente um mouse.

☒ **USB HID game:** nesse caso, quando o dispositivo conectado a um master, por exemplo um PC, informa ao master (PC) que o dispositivo conectado é um game port, sempre será informado via descritor qual o tipo de USB em curso, que, no caso, é uma porta de game.

Para usar esse modelo, não se precisa de nenhum recurso especial, apenas um game que esteja esperando uma porta de jogos ou algo assim para receber os dados vindos pela porta USB, pois está sendo simulado um port game ou é verdadeiramente um port game.

☒ **USB mass memory:** nesse caso, quando o dispositivo conectado a um master, por exemplo um PC, informa ao master (PC) que o dispositivo conectado é um dispositivo de memória de massa (mass memory), popularmente temos os pen drives.

Sempre será informado via descritor qual o tipo de USB em curso, que, no caso aqui, é uma memória de massa.

Para usar esse modelo, não se precisa de nenhum recurso especial, apenas que o master abra um espaço, por exemplo, para um disco externo. Assim estará pronto para receber os dados vindos pela porta USB, pois está sendo simulado um disco externo ou é verdadeiramente um disco externo.

☒ **USB CDC:** nesse caso, quando o dispositivo conectado a um master, por exemplo um PC, informa ao master (PC) que o dispositivo conectado é um dispositivo de interface serial, gerando dentro do master uma porta COM de comunicação. Essa modalidade foi criada para substituir as portas seriais RS232C.

Sempre será informado via descritor qual o tipo de USB em curso, que, no caso aqui, trata-se de uma interface serial.

Para usar esse modelo, não há necessidade de nenhum recurso especial, apenas um o programa que deverá ler e escrever em uma porta COM, pois está sendo simulada uma interface serial. Nesse modelo de comunicação USB, é necessário baixar da internet um driver adequado ou sistema operacional compatível com a versão do sistema operacional, ou seja, para cada Windows, existe um driver adequado para a comunicação USB CDC.

☒ **USB HID:** nesse caso, quando o dispositivo conectado a um master, por exemplo um PC, informa ao master (PC) que o dispositivo conectado é um dispositivo USB nativo, ou seja, não está "simulando" nenhum dos modelos descritos aqui. Essa modalidade foi criada inicialmente quando do desenvolvimento da interface USB.

Para usar esse modelo, necessita-se de recurso especial de programação, pois agora estamos usando a porta USB em sua forma nativa. O programador precisa de uma biblioteca adequada ao tipo de linguagem que está sendo utilizado.

11 - USB OTG

Um dos maiores problemas com USB é seu host (hospedeiro) controlado. Se desligar um host USB, nada mais funciona. Também o USB não suporta a comunicação peer-to--peer. Tomemos um exemplo: muitas câmeras digitais USB podem baixar dados para um PC, mas não é possível conectá-los diretamente à impressora USB ou a um CD burner, algo que é possível com outros meios de comunicação.

Para combater esses problemas, um padrão foi criado para o USB 2.0. USB On-The-Go (OTG) foi criado em 2002. Na verdade, é um suplemento à especificação USB 2.0. USB OTG define um dispositivo (device) de função dupla, que pode atuar como um host ou periférico, e pode se conectar a um PC ou outros dispositivos portáteis através do mesmo conector. A especificação OTG detalha o dispositivo de função dupla, no qual um dispositivo pode funcionar tanto como um controlador de device (DC — Device Controller) quanto como um controlador de host (HC — Host Controller).

O host OTG pode ter uma lista de periféricos-alvo. Isso significa que o dispositivo incorporado não precisa ter uma lista de cada produto e identificação de fornecedor ou driver de classe. Ele pode segmentar apenas um tipo de periférico, se necessário.

12 - USB em ambiente microcontrolado

Atualmente, vários microcontroladores têm em sua estrutura interna a possibilidade de comunicação USB. O tipo mais simples é o microcontrolador com uma interface USB 2.0 para operar como device, conecta-se a um host e fica sendo controlado por ele. Assim, o microcontrolador pode operar como um HID, mass memory, ou CDC, mas sempre na qualidade de device.

Alguns microcontroladores mais avançados têm uma interface USB interna operando no modo OTG; dessa forma, o microcontrolador pode ser o host, como também em outras situações ser host e device.

Basicamente, podemos entender a operação de uma interface USB no modo device dentro de um microcontrolador, dentro das seguintes etapas:

☒ Conecta-se fisicamente o microcontrolador em um host, normalmente um PC.

☒ O sistema operacional do host envia um comando, solicitando que a interface USB se pronuncie através do envio de um arquivo interno gravado no microcontrolador chamado de descritor.

☒ Dentro do descritor, estão todas as informações necessárias para informar o host sobre que formato, tipo de comunicação etc. essa interface USB funcionará.

☒ Assim que o sistema operacional receber o descritor e declarar o device aceito, é enviado um endpoint, que será usado pelo device para se identificar para o host em todo processo de comunicação.

☒ Faz-se necessário que o lado da comunicação denominado de device ou slave mantenha-se ativo enviando um comando a cada 5ms para o host, informando que ele está conectado, pois, caso contrário, o host o desconecta do sistema, mesmo estando o device fisicamente conectado.

13 - Exemplo de descritor

Um típico descritor pode ser verificado abaixo. Os dados sublinhados são, em geral, alterados pelo desenvolvedor dentro da necessidade, mas o restante deve permanecer inalterado, sob o risco de não funcionar. Somente com profundo conhecimento do protocolo USB, poderemos alterar parâmetros do descritor.

```
module USBdsc
' descritor para USB HID teclado
const USB_VENDOR_ID as word = 0x4321        ' descritor para
usb TECLADO
const USB_PRODUCT_ID as word = 0x0002       ' descritor para
usb TECLADO
```

```
    const USB_SELF_POWER as char = 0x80
    const USB_MAX_POWER as char = 50            ' Bus power required
in units of 2 mA
    const HID_INPUT_REPORT_BYTES as char = 8
    const HID_OUTPUT_REPORT_BYTES as char = 8
    const EP_IN_INTERVAL as char  = 10
    const EP_OUT_INTERVAL as char = 10


    const USB_INTERRUPT as char = 1
    const  USB_TRANSFER_TYPE  as  char  =  0x03             '  0x03
Interrupt
    const USB_HID_EP as char = 1
    const USB_HID_RPT_SIZE as char = 63


    'Device Descriptor
    structure device_descriptor
        dim bLength as char             ' bLength       - Descrip-
tor size in bytes (12h)
        dim bDescriptorType as char       ' bDescriptorType - The
constant DEVICE (01h)
        dim bcdUSB as word              ' bcdUSB         - USB
specification release number (BCD)
        dim bDeviceClass as char        ' bDeviceClass   - Class
Code
        dim bDeviceSubClass as char      ' bDeviceSubClass - Sub-
class code
        dim bDeviceProtocol as char      ' bDeviceProtocol - Pro-
tocol code
        dim bMaxPacketSize0 as char     ' bMaxPacketSize0 - Maximum
packet size for endpoint 0
        dim idVendor as word            ' idVendor       - Vendor
ID
        dim idProduct as word           ' idProduct      - Product
ID
        dim bcdDevice as word           ' bcdDevice      - Device
release number (BCD)
        dim iManufacturer as char       ' iManufacturer  - Index
of string descriptor for the manufacturer
        dim iProduct as char            ' iProduct       - Index
of string descriptor for the product.
```

```
        dim iSerialNumber as char          ' iSerialNumber   - Index
of string descriptor for the serial number.
        dim bNumConfigurations as char     ' bNumConfigurations -
Number of possible configurations
    end structure


    const device_dsc as device_descriptor = (
    0x12,                       ' bLength
    0x01,                       ' bDescriptorType
    0x0110,                     ' bcdUSB
    0x00,                       ' bDeviceClass
    0x00,                       ' bDeviceSubClass
    0x00,                       ' bDeviceProtocol
    0x08,                       ' bMaxPacketSize0
    USB_VENDOR_ID,              ' idVendor
    USB_PRODUCT_ID,             ' idProduct
    0x0003,                     ' bcdDevice
    0x01,                       ' iManufacturer
    0x02,                       ' iProduct
    0x00,                       ' iSerialNumber
    0x01                        ' bNumConfigurations
    )


    ' Configuration 1 Descriptor
    const configDescriptor1 as byte[41] = (            '09
        ' Configuration Descriptor
        0x09,                       ' bLength          - Descriptor
size in bytes
        0x02,                       ' bDescriptorType    - The constant
CONFIGURATION (02h)
        0x29,0x00,                  ' wTotalLength       - The number
of bytes in the configuration descriptor and all of its subordinate
descriptors
        0x01,                       ' bNumInterfaces    - Number of
interfaces in the configuration
        0x01,                       ' bConfigurationValue - Identifier
for Set Configuration and Get Configuration requests
        0x00,                       ' iConfiguration    - Index of
string descriptor for the configuration
```

          USB_SELF_POWER,   ' bmAttributes   - Self/bus
power and remote wakeup settings
          USB_MAX_POWER,   ' bMaxPower   - Bus power
required in units of 2 mA

          ' Interface Descriptor   '09
          0x09,   ' bLength - Descriptor size in bytes
09
          0x04,   ' bDescriptorType - The constant
Interface (04h)
          0x00,   ' bInterfaceNumber - Number identi-
fying this interface
          0x00,   ' bAlternateSetting - A number that
identifies a descriptor with alternate settings for this
bInterfaceNumber.
          0x02,   ' bNumEndpoint - Number of endpoints
supported not counting endpoint zero
          0x03,   ' bInterfaceClass - Class code
          0x00,   ' bInterfaceSubclass - Subclass code
          0x00,   ' bInterfaceProtocol - Protocol code
keyboard
          0x00,   ' iInterface - Interface string
index

          ' HID Class-Specific Descriptor   '09
          0x09,   ' bLength   - Descriptor size
in bytes.
          0x21,   ' bDescriptorType - This descriptor's
type: 21h to indicate the HID class.
          0x10,0x01,   ' bcdHID   - HID specification
release number (BCD).
          0x00,   ' bCountryCode   - Numeric expres-
sion identifying the country for localized hardware (BCD) or 00h.
          0x01,   ' bNumDescriptors - Number of subor-
dinate report and physical descriptors.
          0x22,   ' bDescriptorType - The type of a
class-specific descriptor that follows
          USB_HID_RPT_SIZE,0x00,   ' wDescriptorLength - Total length
of the descriptor identified above.

```
        ' Endpoint Descriptor                    '07
        0x07,                    ' bLength - Descriptor size in bytes
(07h)
        0x05,                     ' bDescriptorType - The constant
Endpoint (05h)
        USB_HID_EP or 0x80,    ' bEndpointAddress - Endpoint number
and direction
        USB_TRANSFER_TYPE,      ' bmAttributes - Transfer type and
supplementary information
        0x08,0x00,               ' wMaxPacketSize - Maximum packet
size supported
        EP_IN_INTERVAL,          ' bInterval - Service interval or
NAK rate


        ' Endpoint Descriptor                    '07
        0x07,                    ' bLength - Descriptor size in bytes
(07h)   ok
        0x05,                     ' bDescriptorType - The constant
Endpoint (05h) ok
        USB_HID_EP,            ' bEndpointAddress - Endpoint number
and direction
        USB_TRANSFER_TYPE,      ' bmAttributes - Transfer type and
supplementary information
        0x08,0x00,             ' wMaxPacketSize - Maximum packet size
supported
        EP_OUT_INTERVAL          ' bInterval - Service interval or
NAK rate
    )


    structure hid_report_descriptor
      dim report as byte[USB_HID_RPT_SIZE]
    end structure


    const hid_rpt_desc as hid_report_descriptor = (
      (0x05,
      0x01,          ' Usage Page (Generic Desktop),
      0x09,
      0x06,          ' Usage (Keyboard),
      0xA1,
      0x01,          ' Collection (Application),
```

```
0x05,
0x07,          ' Usage Page (Key Codes);
0x19,
0xE0,          ' Usage Minimum (224),

0x29,
0xE7,          ' Usage Maximum (231),
0x15,
0x00,          ' Logical Minimum (0),
0x25,
0x01,          ' Logical Maximum (1),
0x75,
0x01,          ' Report Size (1),
0x95,
0x08,          ' Report Count (8)

0x81,
0x02,          ' Input (Data, Variable, Absolute)
0x95,
0x01,          ' Report Count (1),
0x75,
0x08,          ' Report Size (8),
0x81,
0x03,          ' Input (Constant),
0x95,
0x05,          ' Report Count (5),

0x75,
0x01,          ' Report Size (1),
0x05,
0x08,          ' Usage Page (Page# for LEDs),
0x19,
0x01,          ' Usage Minimum (1),
0x29,
0x05,          ' Usage Maxmimum (5),
0x91,
 0x02,            ' Output (Data, Variable, Absolute),   ; LED
report
```

```
0x95,
0x01,          ` Report Count (1),
0x75,
0x03,          ` Report Size (3),
0x91,
0x03,          ` Output (Constant),
0x95,
0x06,          ` Report Count (6),
0x75,
0x08,          ` Report Size (8),

0x15,
0x00,          ` Logical Minimum (0),
0x25,
0xE7,          ` Logical Maximum (101),
0x05,
0x07,          ` Usage Page (Key Codes),
0x19,
0x00,          ` Usage Minimum (0),
0x29,
0xE7,          ` Usage Maximum (101),

0x81,
0x00,          ` Input (Data, Array),
0xC0)          ` End Collection
)

`Language code string descriptor
structure str1
  dim bLength as char
  dim bDscType as char
  dim wString as word[1]
end structure

const strd1 as str1 = (
  0x04,
```

```
    0x03,
   (0x0409)
  )


  'Manufacturer string descriptor
  structure str2
    dim bLength as char
    dim bDscType as char
    dim wString as word[5]
  end structure



  const strd2 as str2 = (
    12,              'sizeof this descriptor string
    0x03,
   ("A","B","C","D","E")
  )


  'Product string descriptor
  structure str3
    dim bLength as char
    dim bDscType as char
    dim wString as word[16]
  end structure



  const strd3 as str3 = (
    34,              'sizeof this descriptor string
    0x03,
    ("C","o","l","e","t","o","r","    ","d","e","
","d","a","d","o","s")
  )


  dim USB_config_dsc_ptr as ^const byte[1]


  dim USB_string_dsc_ptr as ^const byte[3]
```

```
sub procedure USB_Init_desc()
implements
  sub procedure USB_Init_desc()
    USB_config_dsc_ptr[0] = @configDescriptor1
    USB_string_dsc_ptr[0] = ^const byte(@strd1)
    USB_string_dsc_ptr[1] = ^const byte(@strd2)
    USB_string_dsc_ptr[2] = ^const byte(@strd3)
  end sub
```

14 - Mini e micro USB

A especificação OTG introduziu dois conectores adicionais. Um conector é o mini--conector A/B — um dispositivo de função dupla é necessário para poder detectar se uma ficha mini-A ou mini-B é inserida, determinando se o pino de identificação (um pino extra introduzido por OTG) está ligado à terra. O plugue standard-A é de aproximadamente 4x12mm; o standard-B de aproximadamente 7x8mm, e os conectores mini-A e mini-B aproximadamente 2x7mm. Esses conectores são usados para dispositivos menores, como PDAs, telefones celulares ou câmeras digitais.

O conector micro-USB foi introduzido em janeiro de 2007. Destinou-se principalmente a substituir os conectores mini-USB utilizados em muitos dos novos smartphones e PDAs. Esse plugue é classificado para aproximadamente 10.000 ciclos de conexão-desconexão. Quanto às dimensões do micro-USB, é cerca de metade da altura do conector mini-USB, mas apresenta uma largura semelhante.

Na Figura 9.9, podemos ver como são os conectores mini e micro USB fêmea.

Mini USB

Micro USB

Figura 9.9 Conectores mini e micro USB fêmea.

Na Tabela 9.1, podemos ver os sinais que existem nos conectores mini e micro com um sinal de ID, que identifica se estamos em uma comunicação com o dispositivo ou com o master.

Tabela 9.1 Sinais do conector mini e micro USB.

Pino	Nome	Descrição	Cor
1	VCC	+5V	vermelho
2	D-	Data-	branco
3	D+	Data+	verde
4	ID	**Type** −A: Connectado para GND Type − B: aberto	**não** usado
5	GND	Terra	preto

15 - Exercícios

1 − Quais são os padrões USB e suas características?

R.: Os padrões são HID, CDC e mass memory. O HID faz interface humana para tecla-dos, mouses e interfaces em geral. O CDC realiza a emulação de porta COM no lugar do RS232C. O mass memory trabalha como uma unidade de armazenamento.

2 − Qual é a diferença entre um dispositivo USB e OTG?

R.: O USB será sempre slave de um master, ou seja, dispositivos como pen drive e webcam serão sempre device, enquanto o PC será OTG. Por outro lado, um telefone celular, dependendo de sua categoria de sofisticação, poderá operar como device, liga-do-se a um PC, ou OTG, se ligado a um pen drive.

3 − Quais são as vantagens de se usar USB no lugar de outros protocolos?

R: Conexão mais direta, com poder de alimentar o dispositivo com baixa corrente e uma velocidade de comunicação considerável.

4 − Por que usar fonte separada em certos projetos com USB?

R.: Quando o dispositivo conectado ao PC necessitar de corrente maior do que 100mA, é necessário alimentar esse dispositivo com uma fonte externa.

5 – O que é o pacote SOF na conexão USB?

R.: A cada 1ms (12.000 bits de velocidade total), o host USB transmite um token SOF especial, contendo um número de quadro de incremento de 11 bits, em vez do endereço de um dispositivo. Isso é usado para sincronizar fluxos de dados isócronos. Os dispositivos USB 2.0 de alta velocidade recebem 7 tokens SOF duplicados adicionais por quadro, cada um introduzindo um microframe de 125μs.

CAPÍTULO 10

PROTOCOLO I2C

Neste capítulo, será abordado o protocolo I2C, largamente utilizado em memórias Flash entre outros dispositivos, e que funciona muito próximo ao protocolo SPI, mas com algumas características particulares.

Diferentemente dos protocolos RS232C, USB e ETHERNET, que são usados para realizar a comunicação entre equipamentos, o SPI é mais usado para realizar a comunicação entre circuitos integrados (chips) na mesma placa.

1 - Conceito

O barramento I2C é um barramento muito popular e poderoso, usado para comunicação entre um master (ou vários masters) e um único ou vários dispositivos slaves. A Figura 10.1 ilustra quantos periféricos diferentes podem compartilhar um barramento que é conectado a um processador através de apenas 2 fios, que é um dos maiores benefícios que o barramento I2C pode dar quando comparado com outras interfaces. Essa nota de aplicação destina-se a ajudar os usuários a entender como funciona o barramento I2C. A Figura 10.1 mostra um barramento I2C típico para um sistema incorporado, em que são utilizados vários dispositivos slaves. O microcontrolador representa o master I2C e controla os slaves ligados em forma de I/Os, vários sensores, EEPROM, ADCs/DACs e muito mais. Todos são controlados com apenas 2 pinos do master.

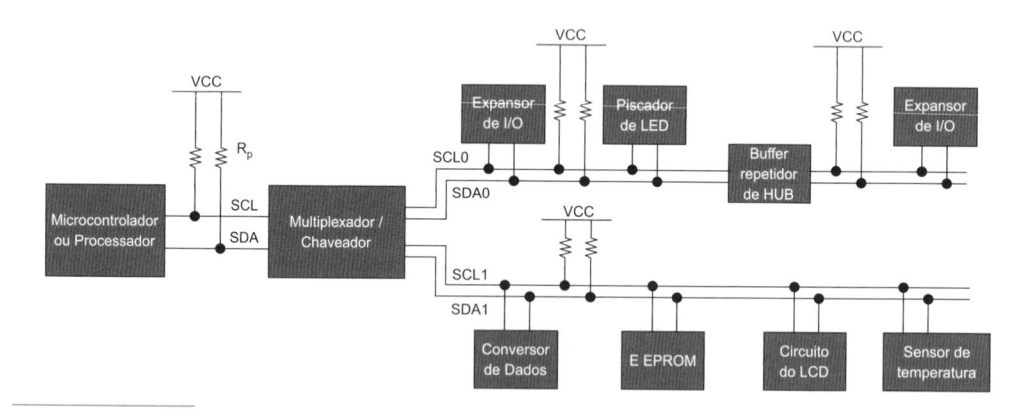

Figura 10.1 Estrutura de um sistema baseado na comunicação via I2C.

2 - Características elétricas

O I2C usa um open drain/open collector com um buffer de entrada na mesma linha, o que permite que uma única linha de dados seja usada para fluxo de dados bidirecional.

2.1 Open drain para comunicação bidirecional

Dreno aberto (open drain) refere-se a um tipo de saída que pode puxar o barramento até uma tensão (terra, na maioria dos casos), ou "liberar" o barramento e deixá-lo ser puxado para cima por um resistor pull-up. No caso de o barramento ser libertado pelo master ou por um slave, a resistência de pull-up (RPU) na linha é responsável por puxar a tensão de barramento até o barramento de alimentação. Já que na comunicação I2C nenhum dispositivo pode forçar um alto em uma linha, isto significa que o barramento nunca vai gerar problema de comunicação onde um dispositivo pode tentar transmitir um alto, e outro transmite um baixo, causando um curto (trilha de sinal levada à terra). I2C requer que se um master em um ambiente multi-master transmite um alto, mas vê que a linha está baixa (outro dispositivo está puxando-o para baixo), para e interrompe as co-municações porque outro dispositivo está usando o barramento. As interfaces push-pull não permitem este tipo de liberdade, o que é um benefício do I2C.

I2C requer que um master, em um ambiente multi-master, transmita um alto, mas a linha esteja baixa (outro dispositivo está puxando-o para baixo), para interromper as co-municações, porque outro dispositivo está usando o barramento. As interfaces push-pull não permitem esse tipo de liberdade, o que é um benefício do I2C.

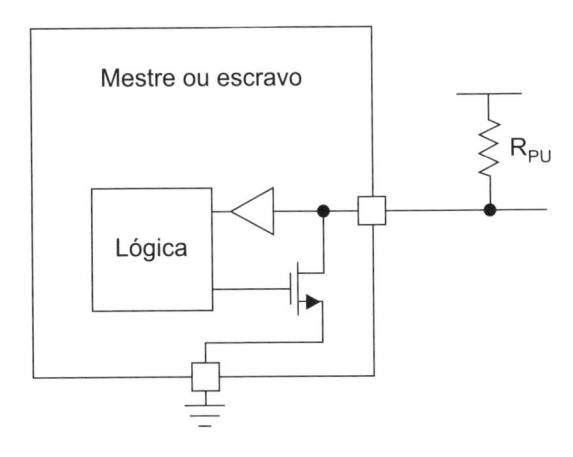

Figura 10.2 Saída open collector do I2C.

A Figura 10.2 mostra uma vista simplificada da estrutura interna do dispositivo slave (escravo) ou master (mestre) nas linhas SDA/SCL, consistindo de um buffer para ler dados de entrada, e um FET pull-down para transmitir dados. Um dispositivo só é capaz de puxar a linha de barramento para baixo (fornece curto para terra) ou liberar a linha de barramento (alta impedância à terra) e permitir que o resistor pull-up aumente a tensão. Esse é um conceito importante a ser percebido ao lidar com dispositivos I2C, já que ne-nhum dispositivo pode manter o barramento alto. Essa propriedade é o que permite que a comunicação bidirecional ocorra.

3 - Open drain pulling low

Conforme descrito na seção anterior, a configuração open drain (dreno aberto) só pode puxar um barramento baixo, ou "soltá-lo", e deixar que um resistor o puxe para o alto. A Figura 10.3 mostra o fluxo de corrente para puxar o barramento para baixo. A lógica (logic) que deseja transmitir uma baixa ativará o FET pull-down[1], que fornecerá um curto para terra, puxando a linha para baixo. Na Figura 10.3 podemos ver como funciona o barramento com a técnica de "puling low", ou seja, puxando para baixo com uma interface de drenagem aberta.

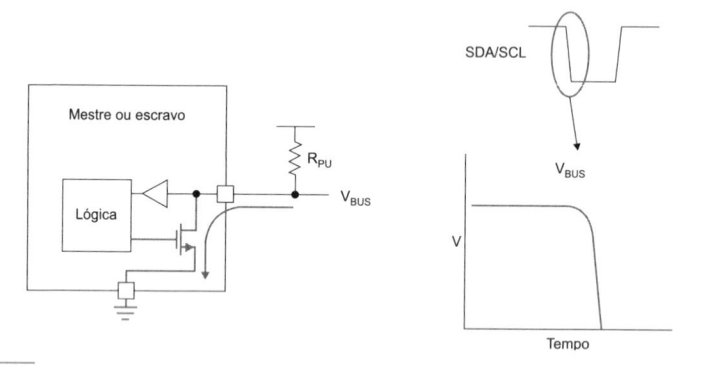

Figura 10.3 Saída com resistor externo.

4 - Open drain releasing bus

Quando o slave ou master deseja transmitir uma lógica de sinal alto, ele só pode liberar o barramento se desligar o FET pull-down. Isso deixa o barramento flutuando, e o pull-up resistor vai puxar a tensão até o nível de tensão, que será interpretado como um sinal alto. A Figura 10.4 mostra o fluxo de corrente através do resistor pull-up, que puxa o barramento para o alto

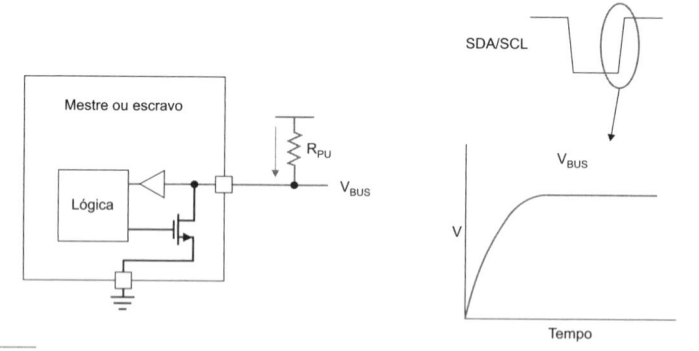

Figura 10.4 Fluxo de corrente.

[1] Podemos traduzir pull-down como puxar para baixo. A função desse resistor é forçar um nível lógico baixo ou zero, enquanto que o pull-up faz o inverso, um resistor que forçará um nível lógico alto ou nível lógico 1.

5 - Operação geral da interface I2C

O barramento I2C é uma interface bidirecional padrão que usa um controlador, conhecido como master, para se comunicar com dispositivos slaves. Um slave não pode transmitir dados a menos que tenha sido endereçado pelo master. Cada dispositivo no barramento I2C tem um endereço de dispositivo específico para diferenciar entre outros dispositivos que estão no mesmo barramento I2C.

Muitos dispositivos slaves precisam de configuração durante a inicialização para definir o comportamento do dispositivo. Isso normalmente é feito quando o master acessa os mapas de registro interno do slave, que possuem endereços de registro exclusivos. Um dispositivo pode ter um ou vários registradores onde os dados são armazenados, gravados ou lidos. A interface física I2C consiste nas linhas serial SCL e SDA. As linhas SDA e SCL devem ser conectadas ao VCC por meio de um resistor pull-up. O tamanho do resistor pull-up é determinado pela quantidade de capacitância nas linhas I2C. O tamanho do resistor pull-up (resistor ligado ao VCC) é determinado pela quantidade de capacitância nas linhas I2C o cálculo desse resistor pode ser feito usando a equação R = (VCC-VOL)/IOL onde VOL seria a tensão de nível zero desejada enquanto o VOL seria a tensão de nível zero desejada. Em termos tradicionais, normalmente usa-se resistor de 10K para essa operação. A transferência de dados pode ser iniciada somente quando o barramento está ocioso. Um barramento é considerado ocioso se as linhas SDA e SCL estiverem altas após uma condição STOP O procedimento geral para um master, para acessar um dispositivo slave, é o seguinte:

☒ Suponha que um master deseja enviar dados para um slave.

☒ O transmissor-master envia uma condição START e endereços ao receptor slave.

☒ O transmissor-master envia dados ao receptor slave;

☒ O transmissor-master termina a transferência com uma condição STOP.

☒ Se um master desejar receber/ler dados de um slave.

☒ O receptor-master envia uma condição START e endereços ao transmissor slave.

☒ O receptor-master envia o registro solicitado para leitura ao transmissor slave.

☒ O receptor-master recebe dados do transmissor slave.

☒ O receptor-master termina a transferência com uma condição STOP.

6 - Condições de START e STOP

A comunicação I2C com um dispositivo é iniciada pelo master ao enviar uma condição START e terminada pelo master ao enviar uma condição STOP. Uma transição alta para baixa na linha SDA, enquanto a SCL é alta, define uma condição START. Uma transição de baixa para alta na linha SDA, enquanto a SCL é alta, define uma condição STOP.

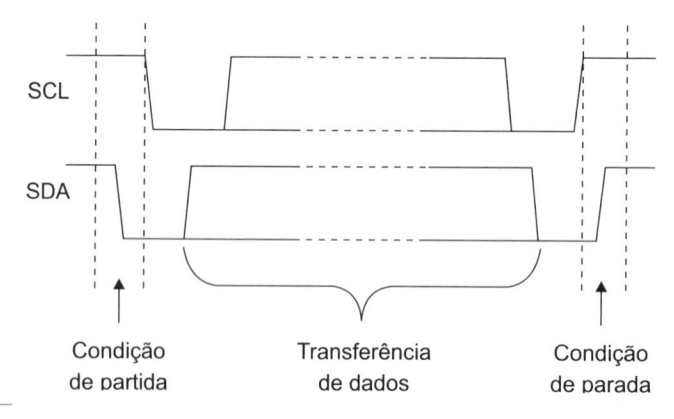

Condição de partida · Transferência de dados · Condição de parada

Figura 10.5 Condição de START e STOP do I2C.

7 - Condição START repetida

Uma condição START repetida é semelhante a uma condição START normal e é usada no lugar de uma condição STOP-to-back START e START. Ela parece idêntica a uma condição START, mas difere de uma condição START por que acontece antes de uma condição STOP (quando o barramento não está ocioso). Isso é útil para quando o master deseja iniciar uma nova comunicação, mas não deseja deixar o barramento ir ocioso com a condição STOP, que tem a chance de o master perder o controle do barramento para outro master (em ambientes multi-master).

Podemos ver na Figura 10.5 a condição de START (partida) e STOP (parada) dentro de seu aspecto tradicional de funcionamento.

Se o projetista não quer encontrar grandes problemas na comunicação, aconselha-se a realizar o processo tradicional, ou seja, START envia dados e depois STOP. Quando iniciar novamente, enviar um novo START.

Pode parecer um tanto confuso esses termos START, STOP e STOP-to-back, mas a tradução para o português deixaria o entendimento ainda mais confuso. Termos técnicos, muitas vezes, explicam-se por si só.

7.1 Validade dos dados e formato do byte

Um bit de dados é transferido durante cada pulso de clock do SCL. Um byte é composto de oito bits na linha SDA. Um byte pode ser um endereço de dispositivo, um endereço de registro ou dados escritos ou lidos a partir de um slave. Um bit de dados é transferido durante cada pulso de relógio do SCL. Um byte é composto de oito bits na linha SDA. Um byte pode ser um endereço de dispositivo, um endereço de registro ou dados escritos ou lidos a partir de um slave. O primeiro dado transferido é o bit mais significativo (MSB), depois o restante até o final, com o (LSB) — ou seja, o bit menos significativo. Quaisquer número de bytes de dados podem ser transferidos do master para o slave entre as condições START e STOP.

Os dados da linha SDA devem permanecer estáveis durante a fase alta do período de clock, uma vez que as alterações na linha de dados, quando o SCL, é elevado são interpretadas como comandos de controle (START ou STOP).

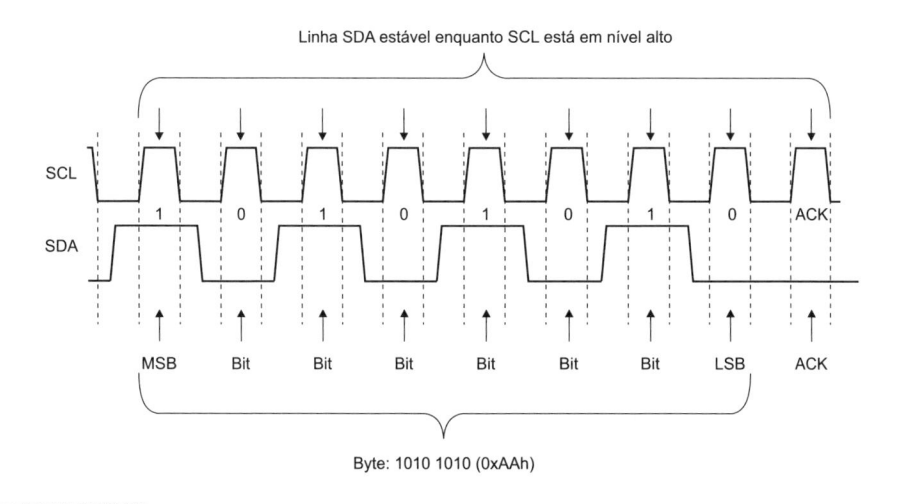

Figura 10.6 Fluxo do SCL e SDA do I2C.

7.2 Reconhecimento (ACK) e não reconhecimento (NACK)

Cada byte de dados (incluindo o endereço byte) é seguido por um bit ACK do receptor. O bit ACK permite que o receptor comunique ao transmissor que o byte foi recebido com sucesso e outro byte pode ser enviado. Antes que o receptor possa enviar um ACK, o transmissor deve liberar a linha SDA. Para enviar um bit ACK, o receptor deve puxar para baixo a linha SDA durante a fase baixa do período de clock relacionado com ACK/NACK (período 9), de modo que a linha SDA fique estável durante a fase alta do ACK/NACK — clock relacionado. Os tempos de configuração e espera devem ser levados em conta. Quando a linha SDA permanece alta durante o período de clock ACK/NACK-relacionado, interpreta-se como um NACK. Existem várias condições que levam à geração de um NACK:

1. O receptor é incapaz de receber ou transmitir porque está realizando alguma função em tempo real e não está pronto para iniciar a comunicação com o master.

2. Durante a transferência, o receptor recebe dados ou comandos que não entende.

3. Durante a transferência, o receptor não pode receber mais bytes de dados.

4. Um receptor-master faz a leitura de dados e indica isso para o slave através de um NACK.

Pode-se verificar tanto na Figura 10.6 como na Figura 10.7 os sinais para o ACK e NACK, bem como o fluxo de dados.

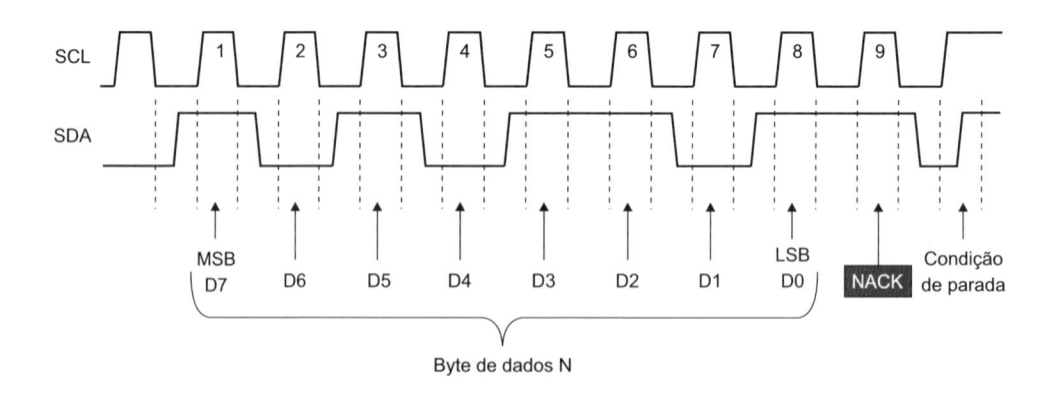

Byte de dados N

Figura 10.7 Fluxo de dados do I2C.

8 - Estruturas dos dados no I2C

Os dados devem ser enviados e recebidos de/para os dispositivos slaves, mas a forma como isso é conseguido é lendo ou escrevendo para/a partir de registros no dispositivo slave. Registros são locais na memória do slave que contém informações, sejam de configuração ou alguns dados amostrados para enviar de volta ao master. O master deve gravar informações nesses registros para instruir o dispositivo slave a executar uma tarefa. Embora seja comum ter registros em slaves I2C, tenha em atenção que nem todos os dispositivos slaves têm registros. Alguns dispositivos são simples e contêm apenas um registro, que pode ser gravado diretamente enviando os dados do registrador imediatamente após o endereço do slave, em vez de endereçar um registro. Um exemplo de um dispositivo de registro único seria um comutador I2C de 8 bits, que é controlado através de comandos I2C. Uma vez que tem 1 bit para ativar ou desativar um canal, há apenas 1 registro necessário, e o master simplesmente grava os dados do registro após o endereço do slave, ignorando o número do registro. Na Figura 10.8, temos a sequência de escrita de um barramento I2C.

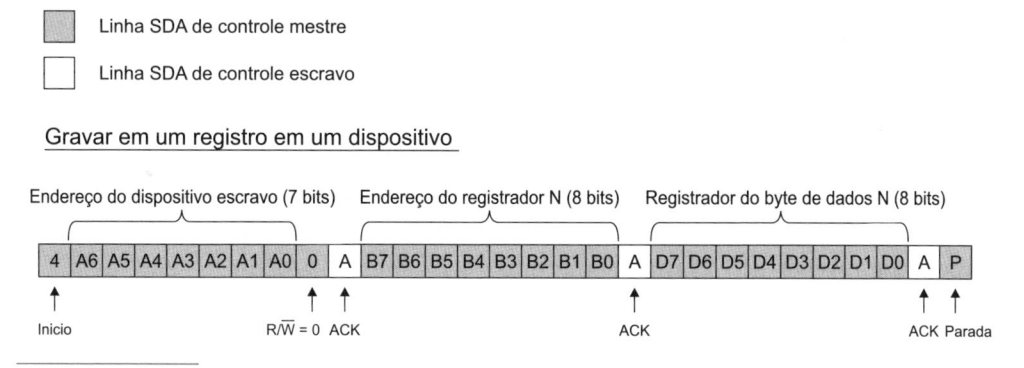

Figura 10.8 Escrita no I2C.

9 - Escrevendo para um slave no barramento I2C

Para gravar no barramento I2C, o master enviará uma condição de partida no barramento com o endereço do slave, bem como o último bit (o bit R/W) definido como 0, o que significa uma gravação. Depois que o slave envia o bit de confirmação, o master enviará, então, o endereço do registrador para o qual deseja gravar. O slave reconhecerá novamente, deixando o master saber que está pronto. Depois disso, o master começará a enviar os dados de registro para o slave, até que tenha enviado todos os dados necessários (às vezes, esse é apenas um único byte), e terminará a transmissão com uma condição STOP.

10 - Lendo de um slave no barramento I2C

A leitura de um slave é muito semelhante à escrita, mas com alguns passos extras. Para ler a partir de um slave, o master deve primeiro instruir o slave sobre qual registro deseja ler. Isso é feito pelo master a partir da transmissão de uma forma semelhante à escrita, enviando o endereço com o bit R/W igual a 0 (significando uma escrita), seguido pelo endereço do registro que deseja ler. Uma vez que o slave reconhece esse endereço do registrador, o master enviará uma condição START novamente, seguida pelo endereço do slave com o bit R/W definido como 1 (significando uma leitura). Dessa vez, o slave reconhecerá a solicitação de leitura e o master liberará o barramento SDA, mas continuará fornecendo o clock ao slave. Durante essa parte da transação, o master se tornará o receptor-master e o slave se tornará o transmissor-slave. O master continuará enviando os pulsos de clock, porém liberará a linha SDA, para que o slave possa transmitir dados. No final de cada byte de dados, o master enviará um ACK para o slave, deixando o slave saber que ele está pronto para mais dados. Uma vez que o master recebeu o número de bytes que está esperando, ele enviará um NACK, sinalizando para o slave para interromper as comunicações e liberar o barramento. O master acompanhará isso com uma condição STOP.

> O protocolo I2C em uma primeira análise parece um pouco complexo em sua funcionalidade, mas, na maioria das linguagens de programação para microcontroladores, já existem as bibliotecas para sua utilização, em que a operação se resume em um simples processo de uma função de escrever e outra de ler.

Na Figura 10.9, podemos agora ver o inverso, ou seja, o fluxo de leitura do barramento I2C.

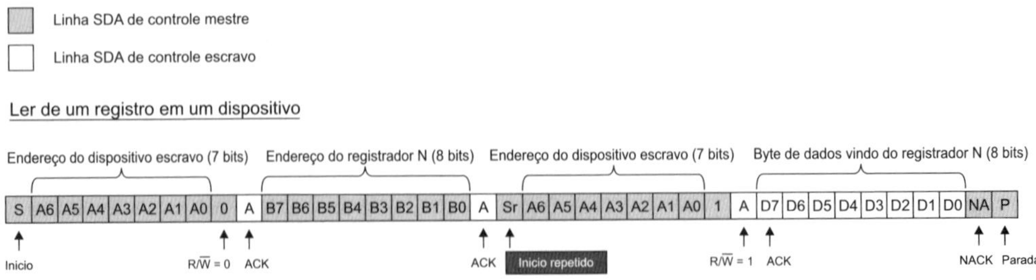

Figura 10.9 Leitura do I2C.

11 - Exercícios

1 — Por que o I2C tem saída open collector?

R.: Para poder ter a possibilidade de conectar dois ou mais dispositivos na mesma linha.

2 — Quais são as funções dos sinais SCL e DAS?

R.: O sinal SCL funciona como clock enquanto o DAS como transmissão e recepção de dados.

3 — O que faz um dispositivo I2C ser master ou slave?

R.: O master é o responsável pela comunicação, enquanto o slave recebe os comandos e realiza as solicitações, por exemplo, o master será um microcontrolador e o slave será uma memória flash.

4 — Quais são as funções dos sinais NACK e ACK no I2C?

R.: Cada byte de dados (incluindo o endereço byte) é seguido por um bit ACK do receptor. O bit ACK permite que o receptor comunique ao transmissor que o byte foi recebido com sucesso e outro byte pode ser enviado. Antes que o receptor possa enviar um ACK, o transmissor deve liberar a linha SDA. Para enviar um bit ACK, o receptor deve puxar para baixo a linha SDA durante a fase baixa do período de clock relacionado com ACK/NACK (período 9), de modo que a linha SDA fique estável durante a fase alta do ACK/NACK — clock relacionado. Os tempos de configuração e espera devem ser levados em conta. Quando a linha SDA permanece alta durante o período de clock ACK/NACK — relacionado, isso é interpretado como um NACK.

5 — O que são as condições START e STOP?

R.: A comunicação I2C com um dispositivo é iniciada pelo master, que envia uma condição START, e terminada pelo master, que envia uma condição STOP. Uma transição alta para baixa na linha SDA, enquanto a SCL é alta, define uma condição START. Uma transição de baixa para alta na linha SDA, enquanto a SCL, é alta define uma condição STOP.

CAPÍTULO 11

PROTOCOLO SPI

Neste capítulo, estudaremos um protocolo extremamente importante dentro do mundo dos microcontroladores, em especial para quem trabalha com Arduino, pois é muito usado nos shields, placas de interface dos sistemas baseados em Arduino. Trata-se do protocolo SPI.

1 - Conceito

O SPI, que significa em inglês Serial Peripheral Interface, é um protocolo de dados seriais síncronos, utilizado basicamente em microcontroladores para comunicação com um ou mais dispositivos periféricos que estão ligados a eles.

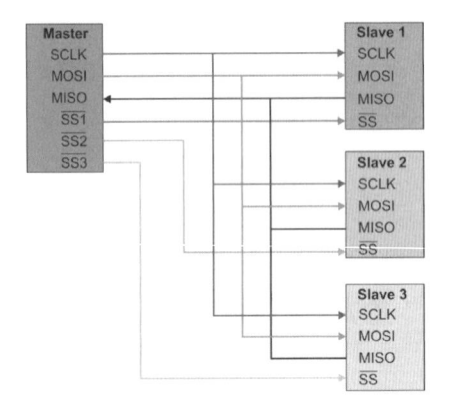

Figura 11.1 Estrutura de comunicação.

2 - Estrutura dos sinais

A interface SPI sempre terá um master, ou seja, sempre um microcontrolador será o master e o restante dos periféricos SPI serão slaves. Um microcontrolador é o master, por exemplo, e os outros periféricos são slaves. O SPI contém em sua estrutura 4 conexões:

- ☒ **MOSI (Master OUT Slave IN):** comunicação do master para o slave.
- ☒ **MISO (Master IN Slave OUT):** comunicação do slave para o master.
- ☒ **SS (Slave Select):** selecionador de slave, que informa qual receberá os dados.
- ☒ **SCK (Serial Clock):** sincronização via pulsos de clock, para comunicação dos dados entre o dispositivo master e a interface slave.

Os periféricos serão sempre slave, como, por exemplo, sensores de pressão, temperatura, medidor de distância, como também alguns sensores.

Vantagens do SPI:

- ☒ Comunicação entre as partes é em full-duplex.
- ☒ Não fica limitado em 8 bits de palavras.
- ☒ Normalmente, o consumo verificado de energia é mais baixo do que em outros protocolos, por possuir uma estrutura eletrônica menor com menos circuitos.
- ☒ Slaves usam clock do master.
- ☒ Os slaves não precisam de um único endereço.
- ☒ Não necessitam de resistores de pull-down ou pull-up em suas entradas e saídas.

Desvantagens do SPI:

☒ Não há controle do fluxo pelo slave, apenas pelo master.

☒ Não há reconhecimento do slave (o master poderia transmitir sem qualquer destino e não tem como detectar).

☒ Suporta unicamente um dispositivo master.

☒ Requer mais pinos no circuito integrado onde está incorporado.

☒ Não há protocolo de detecção de erros.

☒ Muito propenso a causar picos de ruído em comunicação, se estiver defeituoso.

☒ Não é possível validar a conformidade da transmissão, sendo necessário um padrão formal de estruturação.

☒ Funciona apenas com distâncias curtas em relação ao RS232C, RS485, ou CAN Bus.

☒ Existem muitas variações, o que torna difícil encontrar as ferramentas de desenvolvimento, tais como os adaptadores de computadores centrais que suportam essas possíveis variações.

O protocolo SPI possui várias características específicas, tais como os sinais usados para comunicação, que possuem por padrão uma única direção. Isso que dizer que sempre vai existir em suas saídas dois transistores ou algo assim, que definirão o estado de um determinado pino, assim trabalhando como push-pull. Podemos dizer que essa característica é o que diferencia o SPI de outras comunicações do tipo seriais. Na Figura 11.2, podemos ver como se comportam os sinais de saída.

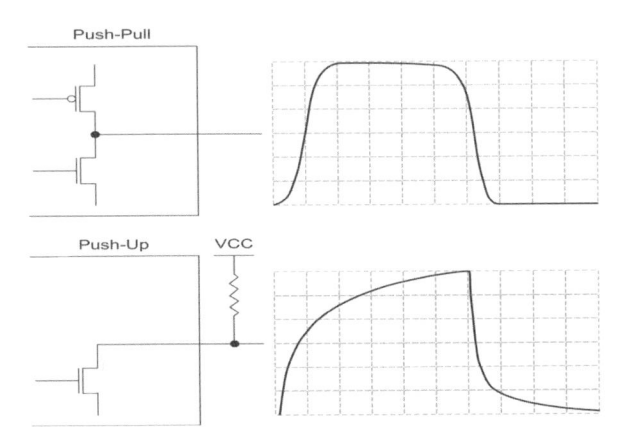

Figura 11.2 Sinal de saída.

Outra característica importante e fundamental é que toda vez que ocorrer troca de dados vai sempre acontecer nas duas direções de comunicação. Então, podemos dizer que cada bit que for trocado entre o master e um dos slaves transfere um bit desse slave para o master. Pode-se afirmar então que a comunicação será sempre no padrão full-duplex.

Os pinos de comunicação, a operação entre dispositivos no padrão SPI e o circuito podem ser vistos basicamente conforme Tabela 11.1.

Tabela 11.1 Descrição dos pinos.

Pino	Nome Padrão	Significado	Nomes Alternativos
Do master para o slave	MOSI	Master Output Slave Input	SDO, DO, SO
Do slave para master	MISO	Master Input Slave Output	SDI, DI, SI
Clock	SCLK	Serial Clock	SCK, CLK
Seleção de slave	SS	Slave Select	CS, nSS, nCS

3 - Relação master–slave do protocolo

A maioria dos protocolos utilizados no mundo dos microcontroladores tem uma arquitetura em que um lado é o master, que coordena toda a comunicação, e o outro lado é composto pelos slaves, que obedecem a esse controle; por isso, o SPI tem se destacado muito dentro dessa área.

Um sinal muito importante é o SS que funciona como Slave Select. O sinal fica sempre ativo em nível baixo, significando que o equipamento ou dispositivo será sempre selecionado durante o período que esse pino se encontrar em nível baixo. No entanto, muitos dispositivos podem utilizar esse sinal como uma espécie de sincronismo do pacote dos dados. Dessa forma, podemos ver que é importante estudar com calma esse sinal.

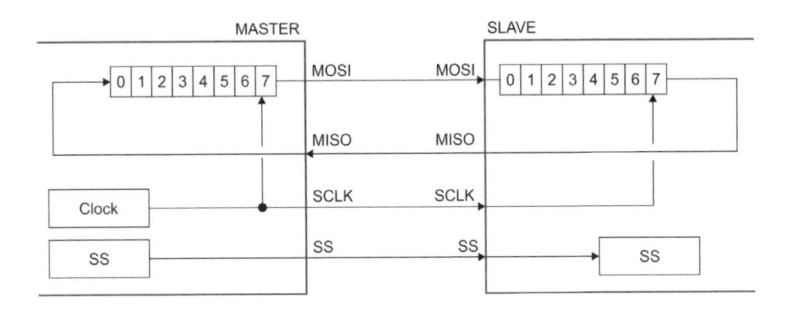

Figura 11.3 Relação master–slave.

Na Figura 11.3, podemos ver claramente como é estabelecida a comunicação entre o master e os slaves. Todos têm os mesmos fios de conexão, diferenciando apenas o SS, que funciona como um chip select para definir (pelo microcontrolador) que, nesse momento, deve-se realizar a comunicação.

4 - Estrutura do dispositivo baseado em SPI

O princípio básico e fundamental de funcionamento de um protocolo SPI é seu shift-register interno. Essa estrutura de circuito digital faz a conversão, por assim dizer, de um registrador paralelo para sinais seriais, de acordo com o sinal de clock aplicado. Cada borda de descida ou subida, que é recebida no pino do clock da interface, vai significar que um bit foi transferido. Então, podemos ver que esse tipo de interface é capaz de receber os dados vindos de maneira serial e, assim, convertê-los para um determinado valor em paralelo.

Essa operação pode ser vista na Figura 11.4.

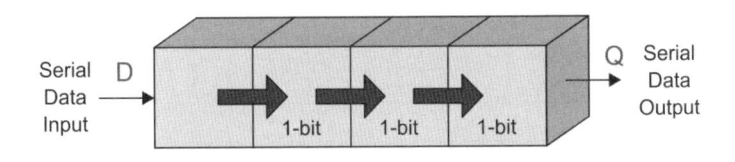

Figura 11.4 Entrada dos sinais no sistema SPI.

O protocolo SPI não será apenas usado como um conversor serial/paralelo, pois possui o gerador interno de clock, que realiza o controle para a troca do pacote quando o slave-select está acionado em nível zero. Dessa forma, torna-se ele, podemos dizer, um dispositivo de comunicação serial e paralelo completo.

5 - Forma de onda

Basicamente podemos configurar as bordas de subida e descida de comunicação do clock em sua polaridade e também na fase. A configuração da polaridade do clock deve ser feita no CPOL (Clock Polarity), e a configuração da fase do clock no CPHA (Clock Phase). Os modos que são possíveis estão descritos na Tabela11.2.

Tabela 11.2 Variação dos sinais do SPI.

Modo	CPOL	CPHA	Borda de troca	Transição	Nível em IDLE
0	0	0	subida	meio do bit	1
1	0	1	descida	começo do bit	0
2	1	0	descida	meio do bit	0
3	1	1	subida	começo do bit	1

Outra característica importante e básica no processo de comunicação está na posição que se determina para o bit mais significativo. Através de DORD é possível então se definir que o bit mais significativo será o primeiro (DORD = 0) ou o último (DORD = 1) bit que será trocado na comunicação. Podemos, dessa maneira, ver que é possível observar todas essas características apresentadas aqui, através das duas imagens das Figuras 11.5 e 11.6.

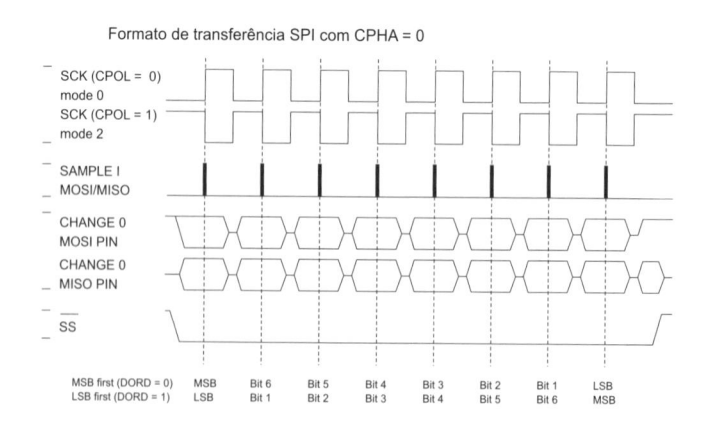

Figura 11.5 Diagrama de tempo do SPI 1.

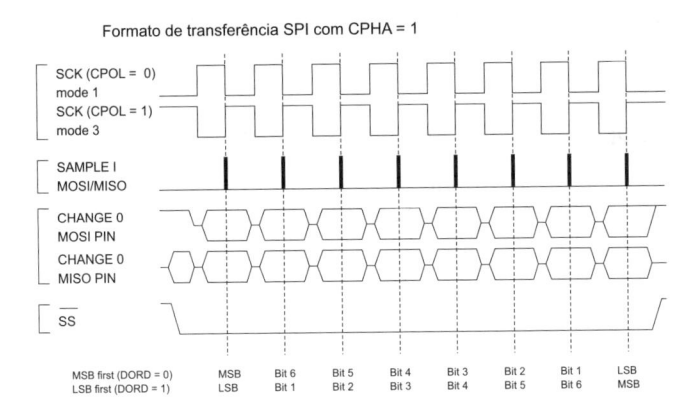

Formato de transferência SPI com CPHA = 1

Figura 11.6 Diagrama de tempo do SPI 2.

6 - Exercícios

1 – Como funcionam os sinais do protocolo SPI?

R.:

- ☒ **MOSI (Master OUT Slave IN):** comunicação do master para o slave.
- ☒ **MISO (Master IN Slave OUT):** comunicação do slave para o master.
- ☒ **SS (Slave Select):** selecionador de slave, que informa qual receberá os dados.
- ☒ **SCK (Serial Clock):** sincronização via pulsos de clock, para comunicação dos dados entre o dispositivo master e a interface slave.

2 – Quais são as diferenças entre o protocolo SPI e o protocolo I2C?

R.: O SPI trabalha com uma fiação maior, simplificando a sincronização, enquanto que, no I2C, isso é feito pelo protocolo em um formato de dados, ou seja, por software.

3 – Qual é a diferença entre o master e o dispositivo slave no protocolo SPI?

R.: O master realiza os controles de comunicação que são obedecidos pelos slaves.

4 – Por que o SPI utiliza saída open collector em sua funcionalidade?

R.: É necessário para que o sinal de saída dos dispositivos sejam todos ligados em um mesmo ponto, assim não ocorrerá conflito de nível lógico.

5 – Cite algumas vantagens e desvantagens do SPI?

R.:

Vantagens do SPI:

☒ Comunicação entre as partes é em full-duplex.

☒ Não fica limitado em 8 bits de palavras.

☒ Normalmente, o consumo verificado de energia é mais baixo do que em outros protocolos, por possuir uma estrutura eletrônica menor com menos circuitos.

☒ Slaves usam clock do master.

☒ Os slaves não precisam de um único endereço.

☒ Não necessitam de resistores de pull-down ou pull-up em suas entradas e saídas.

Desvantagens do SPI:

☒ Não há controle do fluxo pelo slave, apenas pelo master.

☒ Não há reconhecimento do slave (o master poderia transmitir sem qualquer destino e não tem como detectar).

☒ Suporta unicamente um dispositivo master.

☒ Requer mais pinos no circuito integrado onde está incorporado.

☒ Não há protocolo de detecção de erros.

☒ Muito propenso a causar picos de ruído em comunicação, se estiver defeituoso.

CAPÍTULO 12

PROTOCOLO WIEGAND

Neste capítulo, será analisado o protocolo Wiegand, que, por ser muito simples, é bastante utilizado em controle de acesso. Aos poucos, esse protocolo está sendo substituído por outros mais modernos, mas devido à enorme gama de equipamentos que o utilizam, é interessante um capítulo para analisá-lo.

1 - Conceito

O protocolo Wiegand, que tem uma interface física associada a ele, surgiu no início da década de 80. Pela sua simplicidade, tornou-se um protocolo padrão para os leitores de cartão magnético e de código de barras da época.

É comumente utilizado para conectar um mecanismo de swipe de cartão para o resto de um sistema de entrada eletrônica. O sensor, em tal sistema, é frequentemente um cabo Wiegand, baseado em um estudo de John Wiegand.

O leitor com protocolo Wiegand será ligado a um sistema de controle de leitores baseado no mesmo protocolo.

Não é um protocolo popular e muito prático, mas, caso o leitor se defronte com uma necessidade de usar esse padrão, procuramos apresentar aqui uma explicação para sua utilização.

2 - Camada física

A interface Wiegand faz uso de três fios, sendo dois os sinais de dados e um o sinal de terra comum entre os dois sinais de dados. Esses dois fios que realizam a comunicação, são chamados de DATA0 e DATA1, e comumente usamos a denominação de D0 e D1, ou seja, o D0 para transmitir os níveis 0, e o D1 para transmitir os níveis 1. Se o sistema está em repouso, DATA0 e DATA1 permanecem em nível lógico 1, ou seja, +5VDC. Quando um nível 0 é enviado, o sinal do DATA0 para um nível lógico 0, mas o DATA1 permanece em nível lógico 1. Mas quando um nível lógico 1 é enviado, o sinal do DATA1 vai então para nível zero, ficando agora DATA0 em nível lógico 1.

A concepção desse protocolo utilizando nível lógico 1 no estado de repouso (5V) e o sinal ativo ser nível zero, permite a utilização desse protocolo para longas distâncias entre o leitor e o controle do mesmo. Longas distâncias nesse caso serial próximo a 10 ou 20 metros.

Na Figura 12.1, pode-se ver seu diagrama de tempo e verificar sua simplicidade de operação física.

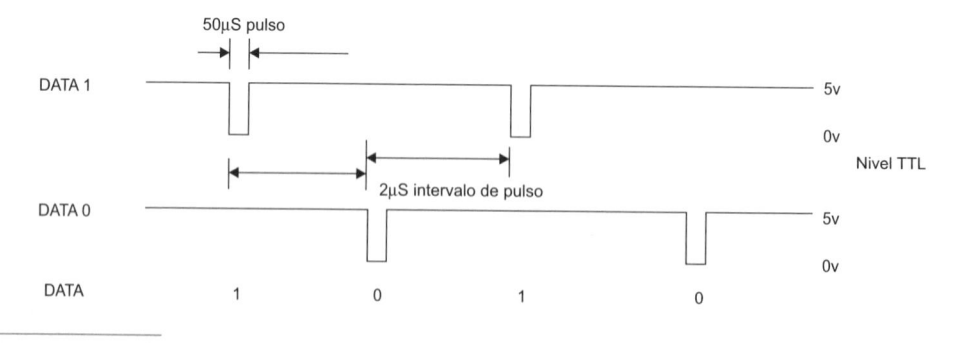

Figura 12.1 Diagrama de tempo do protocolo Wiegand.

3 - Estrutura do protocolo

Originalmente, o Wiegand era chamado de código de facilidades, composto de 1 bit de paridade somado a mais 8 bits, além de 16 bits de código de identificação e 1 bit final de paridade, totalizando 26 bits.

O bit de paridade inicial é calculado a partir dos 12 bits iniciais do código, e o bit de paridade final é calculado a partir dos 12 últimos bits do código.

O grande problema da tecnologia Wiegand está na sua limitação de ter apenas 8 bits, ou seja, vai de 0 a 255; e para usá-lo em cartões são necessários 16 bits, o que permite ir de 0 a 65535. Assim, muitos fabricantes adequaram o padrão a sua necessidade, não respeitando as regras, e esse protocolo passou a ter tamanhos diversos.

Devido às limitações de tamanho físico dos cartões de crédito, alguns problemas surgiram com o Wiegand, além dos dados que poderiam ser armazenados e transmitidos. Foram feitas algumas mudanças, inclusive para permitir os padrões CR80 ou ISSO/IEC 7810. Dessa maneira, o comprimento chegou a 37 bits no total, para sua utilização em cartões magnéticos, principalmente em controles de acesso.

A Figura 12.2 traz a estrutura funcional do protocolo Wiegand, na qual se pode ver os dados e divisões funcionais.

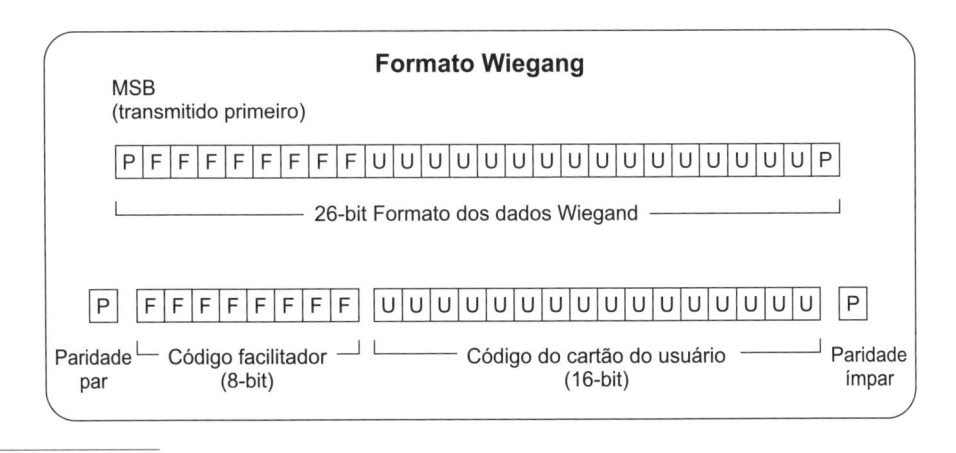

Figura 12.2 Estrutura do protocolo Wiegand.

Largamente utilizado em ambientes industriais e empresariais, de um modo geral para conexão de leitores de cartão magnético e leitores de código de barras, podemos ver que o Wiegand tem um protocolo simples e muito funcional.

Na Figura 12.3, podemos ver um exemplo típico de aplicação, na qual temos um LCD para mostrar o conteúdo lido do cartão de 125 kHz RFID, um processador para a captura dos dados e as devidas formatações dos mesmos para serem apresentados no LCD.

O LCD é muito popular, podendo ser trocado o microcontrolador do exemplo por um da família PIC ou Arduino, e existem inúmeros leitores RFID no mercado, bem como leitores de cartão magnético, que também é usado com o protocolo Wiegand.

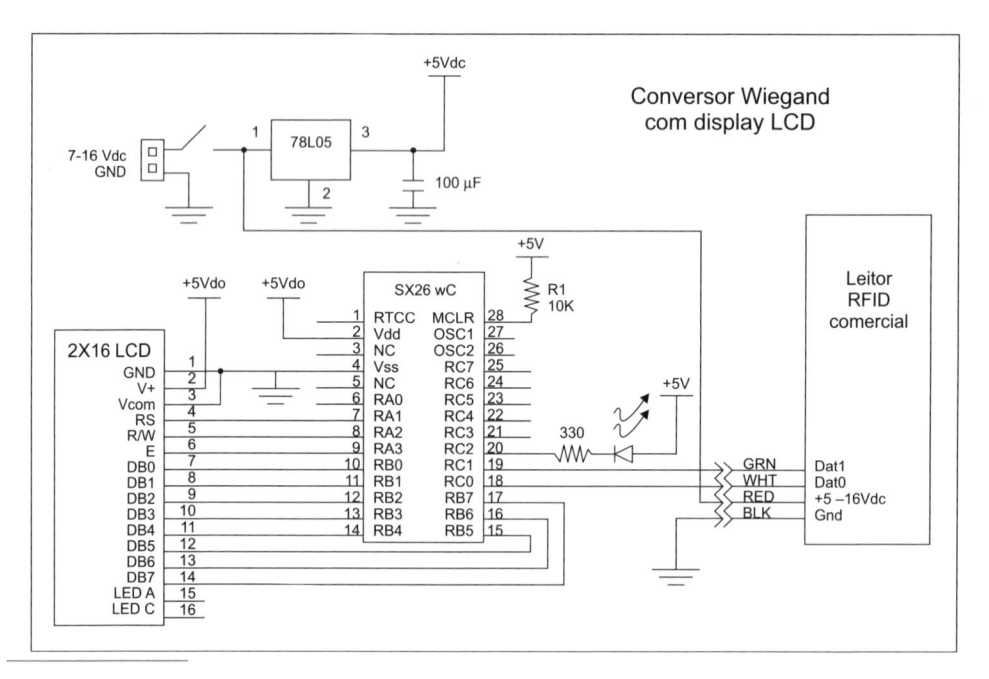

Figura 12.3 Exemplo prático do Wiegand.

O local mais usado para esse protocolo são os leitores de cartão magnético ou outros meios de identificação, em sistemas de controle de acesso, mas está sendo pouco a pouco substituído por novas tecnologias.

4 - Exercícios

1 – Explique como funciona o protocolo Wiegand?

R.: A interface Wiegand usa três fios, um dos quais é o sinal de terra e dois dos quais são fios de transmissão de dados, normalmente chamados DATA0 e DATA1, alternadamente rotulados como D0 e D1, dados baixo e dados alto. Quando não há dados sendo enviados, DATA0 e DATA1 permanecem em nível de tensão alto – geralmente +5VDC. Quando um 0 é enviado, o fio DATA0 é colocado para um nível baixo, enquanto o fio DATA1 permanece em nível alto. Quando um 1 é enviado, o fio DATA1 fica em nível zero, enquanto DATA0 permanece em nível alto.

2 – Onde esse protocolo pode ser usado?

R.: Pode ser usado em controle de acesso, para leitura de dispositivos de identificação. É largamente utilizado em ambientes industriais e empresariais de um modo geral, pois o Wiegand tem um protocolo simples e muito funcional.

3 – Qual sua principal limitação?

R.: O comprimento dos dados, que é limitado a 26 bits.

4 – Como estão estruturados os dados no protocolo Wiegand?

R.: O formato Wiegand original tinha um bit de paridade, 8 bits de código de facilidade, 16 bits de código de identificação e um bit de paridade final para um total de 26 bits. O primeiro bit de paridade é calculado a partir dos primeiros 12 bits do código e do bit de paridade final dos últimos 12 bits.

5 – Qual protocolo melhor substituiria o protocolo Wiegand?

R- O RS232C, ZigBee, entre outros.

CAPÍTULO 13

PROTOCOLO CAN

Neste capítulo, será abordado um protocolo muito usado tanto nos meios automo-bilísticos, pois exige um cabeamento muito reduzido, simples e fácil, como na maioria dos microcontroladores atuais — trata-se do protocolo CAN.

1 - Conceito

O protocolo CAN (Controller Area Network) é basicamente um barramento de co-municação serial síncrono[1]. Esse sincronismo acontece entre os módulos pois estão conectados a uma rede, e tudo opera dentro de uma sincronicidade em relação ao início de cada mensagem que foi então lançada ao barramento (esses eventos vão ocorrer em tempos controlados e regulares dentro da necessidade de comunicação entre os pontos da rede).

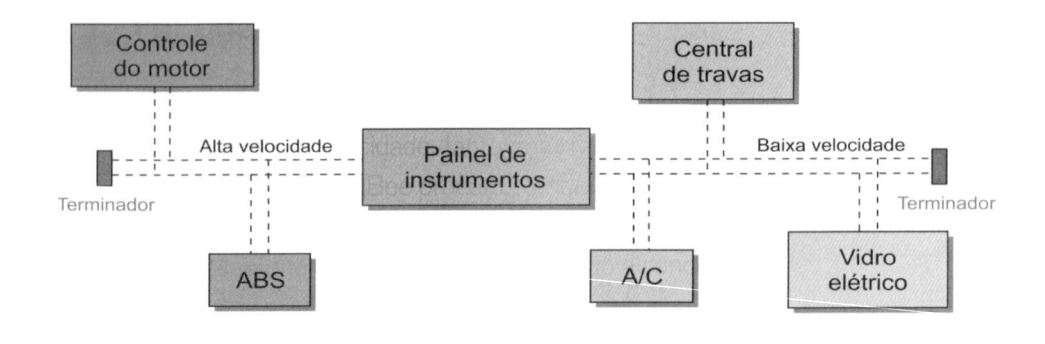

Figura 13.1 Desenho básico de uma estrutura CAN.

Na Figura 13.1, podemos verificar um desenho básico do protocolo CAN sendo aplicado em um sistema automotivo; por sinal, esse protocolo é muito popular em sistemas de automação automobilístico.

O CAN que, em verdade, é um barramento que foi concebido pela empresa BOSCH como um sistema completo de comunicação de mensagens com vários masters que especifica taxa máxima de sinalização de 1 Megabit por segundo. Ao contrário de uma rede tradicional como USB ou ETHERNET, o CAN não envia volumes enormes de dados, como outros sistemas, em uma comunicação ponto a ponto, do nó A para o nó B sob a supervisão de um master de barramento central. Em uma rede CAN, muitas mensagens curtas, como rotação, pressão, temperatura, vazão etc, são transmitidas para toda a rede, o que fornece consistência de dados em todos os nós do sistema.

> CAN é um barramento de comunicação serial definido pela ISO (International Standardization Organization), originalmente desenvolvido para a indústria automotiva, para substituir o complexo chicote de fiação por um barramento de dois fios.

A especificação exige alta imunidade à interferência elétrica, a capacidade de se autodiagnosticar e, também, de reparar os erros produzidos na comunicação. Esses recursos levaram à popularidade da CAN em diversos setores, incluindo a construção automação, médica e fabricação.

O protocolo de comunicações CAN é regido pela norma ISO-11898. Nesse padrão, é descrito como as informações são transmitidas entre dispositivos em uma rede e está de acordo com o modelo Open Systems Interconnection (OSI), em camadas. A comunicação entre dispositivos conectados pelo meio físico é definida pela camada física do modelo. A arquitetura ISO-11898 define as duas primeiras camadas mais baixas das sete camadas de modelo OSI/ISO como camada de enlace de dados e camada física, conforme nos mostra a Figura 13.2.

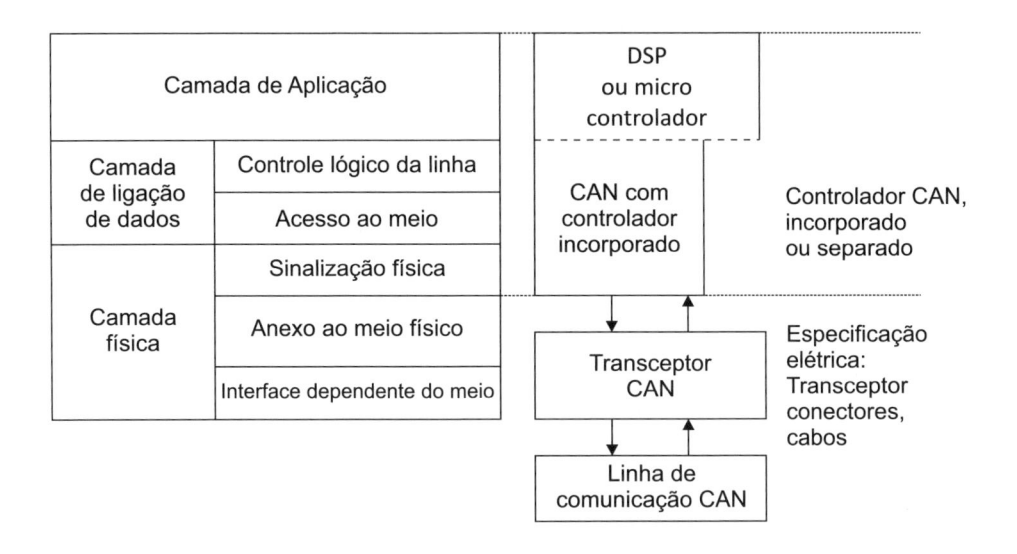

Figura 13.2 Diagrama da estrutura do protocolo CAN.

2 - Padrão CAN

O protocolo de comunicação CAN é um protocolo de acesso múltiplo com detecção de colisão e arbitragem com prioridade de mensagem (CSMA/CD + AMP).

CSMA significa que cada nó do barramento CAN deve aguardar por um período de inatividade prescrito antes de enviar uma mensagem. O CD + AMP significa que as colisões são resolvidas através de uma arbitragem bit a bit, baseada em uma prioridade que já é pré-programada de cada mensagem, que se localiza no campo identificador de uma determinada mensagem.

O identificador de prioridade mais alta sempre ganha acesso ao barramento, ou seja, o último bit de lógica 1 que aparece no identificador continua transmitindo, porque é a prioridade mais alta. Desde que todo nó no barramento toma parte na escrita de cada bit "como está sendo escrito", um nó de arbitragem sabe se ele colocou o bit de nível alto no barramento.

O padrão ISO-11898:2003, com o identificador padrão de 11 bits, fornece taxas de sinalização de 125 kbps a 1 Mbps.

A norma foi posteriormente alterada com o identificador "estendido" de 29 bits. Podemos ver na Figura 13.3 o padrão identificador de campo, de 11 bits..

S O F	11-bit Identificador	R T R	I D E	r0	DLC	0...8 Byte de dados	CRC	ACK	E O F	I F S

Figura 13.3 Padrão CAN.

O significado de cada campo da estrutura do protocolo é:

☒ **SOF:** o campo dominante do bit de partida (SOF) marca o início de uma mensagem e é usado para sincronizar os nós em um barramento depois de ficar ocioso.

☒ **Identificador:** o identificador CAN padrão de 11 bits estabelece a prioridade de uma determinada mensagem. Quanto menor o número binário, maior sua prioridade de envio.

☒ **RTR:** o bit de solicitação de transmissão remota única (RTR) é o que se caracteriza como dominante na comunicação quando é necessária a informação de outro nó. Todos os nós recebem a solicitação, mas o identificador determina o nó especificado. Os dados de resposta também são recebidos por todos os nós e usados por qualquer nó interessado na comunicação. Dessa forma, todos os dados que estão sendo utilizados no sistema são uniformes.

☒ **IDE:** um bit de extensão de identificador único (IDE) dominante significa que um identificador CAN padrão sem extensão está sendo transmitido.

☒ **r0:** bit reservado (para possível uso por emenda padrão futura).

☒ **DLC:** o código de comprimento de dados (DLC) de 4 bits contém o número de bytes de dados sendo transmitidos.

☒ **Dados:** até 64 bits de dados podem ser transmitidos.

☒ **CRC:** a verificação de redundância cíclica (CRC) de 16 bits (15 bits mais delimitador) contém a soma de verificação (número de bits transmitidos) dos dados da aplicação anterior para detecção de erros.

☒ **ACK:** cada nó que recebe uma mensagem precisa sobrescrever esse bit recessivo na mensagem original com um bit dominate, indicando que uma mensagem livre de erros foi enviada. Se um nó receptor detectar um erro e deixar esse bit recessivo, ele descarta a mensagem e o nó emissor repete a mensagem após rearbitragem. Dessa forma, cada nó reconhece (ACK) a integridade de seus dados. ACK é 2 bits, um é o bit de reconhecimento e o segundo é um delimitador.

☒ **EOF:** esse campo de 7 bits de final de quadro (EOF) marca o fim de um quadro CAN (mensagem).

☒ **IFS:** esse espaço interframe de 7 bits (IFS) contém o tempo requerido pelo controlador para mover corretamente o quadro recebido para sua posição correta em uma área de buffer de mensagem.

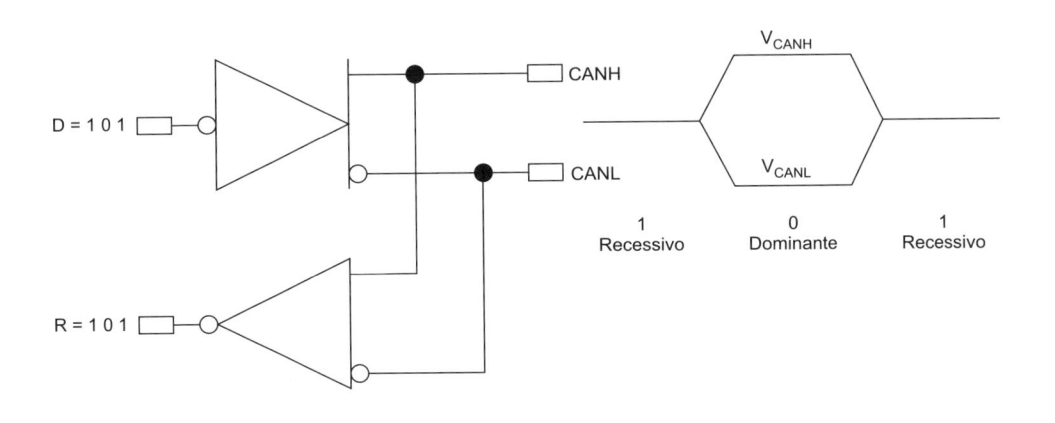

Figura 13.4 A lógica invertida do barramento CAN.

3 - Arbitragem

É importante entender que o protocolo CAN, como mostrado na Figura 13.4, tem o nível lógico invertido entre o barramento de entrada, que chamamos de driver de sinal, e de saída — no outro ponto —. chamado receptor.

Normalmente, um nível lógico alto é visto como 1 (um), e um nível baixo é visto como 0 (zero), mas não em um barramento CAN. Devido a isso, os transceptores CAN têm na sua entrada, bem como nos pinos de saída, uma forma de sinal nível 1, ou seja, "pull-up" — como denominamos em Engenharia. Assim na ausência de sinal, o dispositivo CAN assume como padrão um estado de barramento nível chamado de estado intermediário nem nível 1 nem 0, (comumente chamamos de terceiro estado em sistemas digitais) em todos os pinos de entrada e saída.

Como o barramento é construído para trabalhar por eventos, o acesso é aleatório. Desse modo, se dois nós das redes tentarem acessar o barramento ao mesmo tempo, ocorre um tipo de arbitragem no nível de bit mas não destrutivo, ou seja, as mensagens não se confundem. Assim, a mensagem vencedora do embate realizará a comunicação naquele momento.

Esse processo de prioridade das mensagens no identificador é uma característica do protocolo CAN, o que mostra uma qualidade interessante em controles em tempo real.

Uma característica no protocolo CAN é que quanto menor o número do identificador, maior será a sua prioridade em uma comunicação. Dessa maneira, um identificador baseado em zeros terá prioridade maior em uma rede CAN, pois segurará o barramento dominante por muito mais tempo.

Portanto, se dois nós começarem a sua transmissão simultaneamente, o nó que envia um último bit de identificador como zero será o dominante; enquanto os outros nós enviam um sinal de terceiro estado,— ou "flutuante" como diz no protocolo CAN — tornando-se recessivos, ele reterá o controle do barramento CAN e prosseguir assim até completar sua mensagem. Convém mencionar também que sempre um bit dominante irá se sobrepor ao que chamamos de um bit recessivo em um protocolo ou barramento CAN.

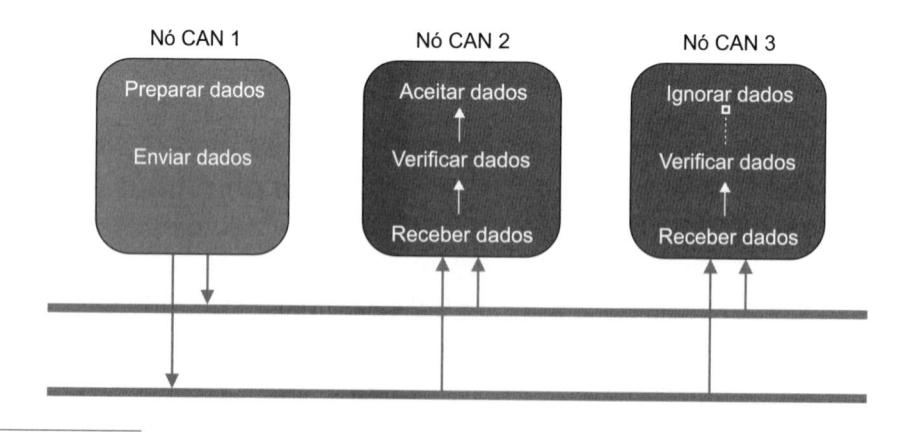

Figura 13.5 Funcionalidade do protocolo CAN.

Podemos ver na Figura 13.5 como opera o protocolo CAN. Um nó envia os dados (nó 1) para o nó 2. Podemos ver que o nó 2 reconhece pela estrutura do protocolo que a informação é para ele e recolhe as informações, enquanto os outros nós rejeitarão os dados por não pertencerem a eles, de acordo com a estrutura do protocolo.

Figura 13.6 Exemplo de uma placa de interface CAN

Na Figura 13.6, podemos ver uma interface de entrada SPI com saída CAN.

Alguns microcontroladores já têm implementado em sua pinagem de forma nativa o protocolo CAN.

4 - Aplicações

Principais utilizações para o protocolo CAN:

- ☒ Veículos de passageiros, caminhões, ônibus etc.
- ☒ Equipamento eletrônico para aviação e navegação.
- ☒ Automação industrial e controle mecânico.
- ☒ Elevadores e escadas rolantes.
- ☒ Instrumentos de automação predial.
- ☒ Equipamentos médicos.

Muitas vezes, vamos ver projetistas usando o protocolo CAN para ligar microcontroladores.

5 - Exercícios

1 — Quais são os fundamentos do protocolo CAN?

R.: O CAN (Controller Area Network) é um protocolo ou, digamos assim, um barramento de comunicação serial síncrono. O sincronismo entre os módulos conectados à rede é feito em relação ao início de cada mensagem lançada ao barramento (evento que ocorre em intervalos de tempo conhecidos e regulares).

2 — Onde ele é melhor aplicado?

R.: Todo local que precisa de um controle simples e com baixa nível de velocidade.

3 — Qual é a principal vantagem do protocolo CAN?

R.: Simplicidade em sua estrutura e cabeamento reduzido.

4 — Por que ele precisa ter alta imunidade a ruídos?

R: Dependendo de um ambiente em que ele se encontra, dentro de um automóvel, por exemplo, pode ter altos índices de ruído elétrico.

5 — Cite aplicações para o protocolo CAN?

R.: Normalmente é utilizado em aplicações automobilísticas.

CAPÍTULO 14

PROTOCOLO WI-FI

Neste capítulo, abordaremos o protocolo Wi-Fi, pois é, sem dúvida, o mais popular na atualidade, presente em muitos lares, empresas e ambientes comerciais. Por isso, conheceremos sua funcionalidade, operação e características técnicas.

1 - Conceito

O protocolo de comunicação Wi-Fi é uma tecnologia de rede local que foi concebida para rede LAN sem fio. Foi sem dúvida uma revolução pois elimina-se os incômodos cabos de conexão. É marca registrada da Wi-Fi Alliance, e baseado na especificação IEEE 802.11, em que ocorreu ao longo dos anos a evolução de 11a , 11b, 11g, 11n, e cada dia temos uma nova evolução em função de velocidade, propagação e eficiência contra ruídos e interferências.

Wi-Fi significa Fidelidade sem Fio. Ele pertence à família de padrões IEEE 802.11 e é basicamente uma tecnologia de rede local (LAN) projetada para fornecer cobertura de banda larga interna.

Os sistemas Wi-Fi atuais suportam uma taxa de dados de camada física de pico de 54 Mbps e normalmente fornecem cobertura interna em uma distância de 40 metros.

O Wi-Fi tornou-se o padrão de fato para a conectividade de banda larga em residências, escritórios e locais de hotspot públicos. Os sistemas normalmente podem fornecer uma faixa de cobertura de apenas cerca de 300 metros do ponto de acesso.

O Wi-Fi oferece taxas de dados de pico notavelmente mais altas do que os sistemas 3G, principalmente porque opera em uma largura de banda maior de 20MHz, porém os sistemas Wi-Fi não são projetados para suportar a mobilidade de alta velocidade.

Uma vantagem significativa do Wi-Fi sobre WiMax e 3G é sua ampla disponibilidade de dispositivos terminais. A grande maioria dos laptops atualmente têm uma interface Wi-Fi integrada. As interfaces Wi-Fi também estão sendo incorporadas em uma variedade de dispositivos, incluindo assistentes de dados pessoais (PDAs), telefones sem fio, telefones celulares, câmeras, entre outros produtos.

Todas as redes Wi-Fi são sistemas TDD baseados em contenção, em que o ponto de acesso e as estações móveis competem para o uso do mesmo canal. Devido à operação de mídia compartilhada, todas as redes Wi-Fi são half-duplex.

Existem fornecedores de equipamentos que comercializam configurações de malha Wi-Fi, mas essas implementações incorporam tecnologias que não estão definidas nos padrões.

2 - Largura de banda do canal

Os padrões Wi-Fi definem uma largura de banda de canal fixo de 25 MHz para 802.11b e 20 MHz para redes 802.11a ou g.

Os sinais do Wi-Fi são capturados por receptores Wi-Fi, como computadores e telefones celulares que estão equipados com essa tecnologia. Sempre que um computador recebe qualquer um dos sinais dentro do alcance de uma rede Wi-Fi, que, normalmente, é de 100 a 200 metros para antenas, a placa Wi-Fi lê os sinais e, assim, cria uma conexão de internet entre o usuário e a rede sem o uso de um cabo.

Os pontos de acesso, constituídos por antenas e roteadores, são a principal fonte de transmissão e recepção de ondas de rádio. As antenas trabalham mais forte e têm uma transmissão de rádio mais longa com um raio de 300-500 metros, que são usados em áreas públicas, enquanto o mais fraco, ainda eficaz roteador, é mais adequado para casas com uma transmissão de rádio de 30 a 50 metros.

3 - Hotspots Wi-Fi

Um hotspot Wi-Fi é criado através da instalação de um ponto de acesso a uma conexão com a internet. O ponto de acesso transmite um sinal sem fio em uma curta distância e cobre cerca de 300 metros. Quando um dispositivo habilitado para Wi-Fi, como um pocket PC, encontra um hotspot, o dispositivo pode conectar-se a essa rede sem fio.

O padrão 802.11 é definido através de várias especificações de WLANs. Ele define uma interface Over-The-Air (OTA) entre um cliente sem fio e uma estação base, ou entre dois clientes sem fio.

4 - As várias especificações na família 802.11

- ☒ **802.11:** fornece transmissão de 1 ou 2 Mbps na banda de 2,4 GHz usando o espectro de propagação de salto de frequência (FHSS) ou o espectro de propagação de sequência direta (DSSS).
- ☒ **802.11a:** essa é uma extensão para 802.11 e vai tão rápido quanto 54 Mbps na banda de 5 GHz. A especificação 802.11a emprega o sistema de codificação ortogonal de divisão por divisão de frequência (OFDM), em oposição a FHSS ou DSSS. Esse padrão está em desuso.
- ☒ **802.11b:** o Wi-Fi de alta velocidade 802.11 é uma extensão para 802.11 e produz uma conexão tão rápida quanto a transmissão de 11 Mbps (com um retorno para 5.5, 2 e 1 Mbps, dependendo da intensidade do sinal) no 2.4 GHz banda. A especificação 802.11b usa apenas DSSS. Note que 802.11b foi, na verdade, uma emenda ao padrão 802.11original, adicionado em 1999, para permitir que a funcionalidade sem fio seja análoga às conexões ETHERNET com fio.
- ☒ **802.11g:** trabalha em 54 Mbps na faixa de 2,4 GHz.
- ☒ **802.11n:** frequência 2,4 GHz e/ou 5 GHz, com capacidade de 150 a 600 Mbps. Esse padrão utiliza como método de transmissão MIMO-OFDM.

Figura 14.1 Típico roteador Wi-Fi doméstico. Fonte: Pixabay, autor Lorenzo Cafaro.

Na Tabela 14.1 podemos ver a comparação técnica entre os três principais padrões Wi-Fi.

Tabela 14.1 Comparação entre os diferentes tipos de Wi-Fi.

Características	Wi-Fi (802.11b)	Wi-Fi (802.11a/g)
Aplicação principal	LAN sem fio	LAN sem fio
Banda de frequência	2.4 GHz ISM	2.4 GHz ISM (g) 5 GHz U-NII (a)
5 GHz U-NII (a)		
Banda por canal	25 MHz	20 MHz
Half/full-duplex	Half	Half
Tecnologia do rádio utilizada	Direct sequence Spread Spectrum	OFDM (64-channels)
Largura da banda	<= 0.44 bps/Hz	<= 2.7 bps/Hz
Modulação	QPSK	BPSK, QPSK, 16-, 64-QAM
Encriptação	Opcional – RC4m (AES sobre 802.11i)	Opcional – RC4(AES sobre 802.11i)
Mobilidade	Sim	Sim
Protocolo de acesso	CSMA/CA	CSMA/CA

As LANs sem fio IEEE 802.11 usam um protocolo de controle de acesso de mídia chamado Acesso Múltiplo de Sensor Portador com Evitação de Colisão (CSMA/CA). Embora o nome seja semelhante ao acesso múltiplo de detecção de portadora da ETHERNET com detecção de colisão (CSMA/CD), o conceito operacional é totalmente diferente.

Os sistemas Wi-Fi são as configurações de mídia compartilhada half-duplex, em que todas as estações transmitem e recebem no mesmo canal de rádio. O problema fundamental de um sistema de rádio é que uma estação não pode ouvir enquanto está enviando e, portanto, é impossível detectar uma colisão. Devido a isso, os desenvolvedores das especificações 802.11 criaram um mecanismo que evita colisões, chamado Função de Controle Distribuído (DCF).

De acordo com o DCF, uma estação Wi-Fi transmitirá somente quando o canal estiver livre. Todas as transmissões são reconhecidas; portanto, se uma estação não receber uma confirmação, ela pressupõe uma colisão ocorrida e tenta novamente após um intervalo de espera aleatório.

A incidência de colisões aumentará à medida que o tráfego aumentar ou em situações em que as estações móveis não possam se ouvir.

5 - Segurança

Segurança tem sido uma das principais deficiências em Wi-Fi, embora melhores sistemas de criptografia estejam agora se tornando disponíveis. A criptografia é opcional no Wi-Fi, e três técnicas diferentes foram definidas. Essas técnicas são dadas abaixo:

5.1 Wired Equivalent Privacy (WEP)

Uma criptografia baseada em RC4 de 40 ou 104 bits com uma chave estática.

5.2 Acesso Wi-Fi Protegido (WPA)

Este é um novo padrão da Wi-Fi Alliance, que usa a chave WEP de 40 ou 104 bits, mas a altera em cada pacote. Essa funcionalidade-chave em mudança é chamada de TKIP (Temporal Key Integrity Protocol).

5.3 IEEE 802.11i/WPA2

O IEEE é finalizado no padrão 802.11i, que é baseado em uma técnica de criptografia muito mais robusta chamada Advanced Encryption Standard. A O Wi-Fi Alliance designa produtos que cumprem o padrão 802.11i como WPA2.

No entanto, implementar 802.11i requer uma atualização de hardware.

Os sistemas Wi-Fi usam duas técnicas primárias de transmissão por rádio.

- ☒ **802.11b** (<= 11 Mbps): o link de rádio 802.11b usa uma técnica de espectro de dispersão de sequência direta, chamada de codificação codificada complementar (CCK). O fluxo de bits é processado com uma codificação especial e, em seguida, modulado usando Quadrature Phase Shift Keying (QPSK).

- ☒ **802.11a** e g (<= 54 Mbps): os sistemas 802.11a e g utilizam multiplexação por divisão de frequência ortogonal de 64 canais (OFDM). Em um sistema de modulação OFDM, a banda de rádio disponível é dividida em um número de subcanais e alguns dos bits são enviados em cada um. O transmissor codifica os fluxos de bits nas 64 subportadoras, usando a chave de deslocamento de fase binária (BPSK), a chave de deslocamento de fase em quadratura (QPSK), ou um dos dois níveis de modulação de amplitude em quadratura (16 ou 64-QAM). Algumas das informações transmitidas são redundantes, de modo que o receptor não precisa receber todas as subportadoras para reconstruir a informação.

As especificações 802.11 originais também incluíram uma opção para o espectro de propagação de salto de frequência (FHSS), mas que foi largamente abandonada.

6 - Modulação adaptativa

O Wi-Fi é uma tecnologia de rede sem fio universal que utiliza frequências de rádio para transferir dados, permitindo conexões de alta velocidade à internet sem o uso de cabos.

O termo Wi-Fi é uma contração de Fidelidade sem Fio e, comumente, é usado para se referir à tecnologia de rede sem fio. A Wi-Fi Alliance reivindica direitos em seus usos como uma marca de certificação para equipamentos certificados para padrões 802.11x.

O Wi-Fi é uma liberdade – livre de fios. Ele permite que você se conecte à internet a partir de qualquer lugar – uma cafeteria, um quarto de hotel, ou uma sala de conferências no trabalho, sendo quase 10 vezes mais rápido do que uma conexão dial-up regular. As redes Wi-Fi operam nas bandas de rádio 2.4 sem licença, com uma taxa de dados de 11 Mbps (802.11b) ou 54 Mbps (802.11a), respectivamente.

O Wi-Fi usa modulação adaptativa e níveis variáveis de correção de erro para otimizar a taxa de transmissão e o desempenho de erros.

Como um sinal de rádio perde energia ou encontra interferência, a taxa de erro aumentará em situações de interferência, pois serão necessárias sucessivas tentativas de reconstrução dos dados enviados.

O Wi-Fi usa modulação adaptativa e níveis variáveis de correção de erro para otimizar a taxa de transmissão e o desempenho de erros.

Esse tipo de modulação por assim dizer se adapta ao ambiente em função dos obstáculos.

Como um sinal de rádio perde energia ou encontra interferência, a taxa de erro aumentará em situações de interferência, pois serão necessárias sucessivas tentativas de reconstrução dos dados enviados.

A modulação adaptativa significa que o transmissor mudará automaticamente para uma frequência diferente e mais robusta, ou seja, de um valor que embora seja menos eficiente, a modulação se propagará melhor nessas condições adversas.

Existem algumas questões que são assumidas como a causa por trás da adoção lenta da tecnologia Wi-Fi:

- ☒ **Problemas de segurança:** as preocupações de segurança impediram a adoção do Wi-Fi no mundo corporativo. Hackers e consultores de segurança demonstraram quão fácil pode ser para quebrar a atual tecnologia de segurança conhecida como Wired Equivalent Privacy (WEP), usada na maioria das conexões Wi-Fi. Um hacker pode invadir uma rede Wi-Fi usando materiais e softwares prontamente disponíveis.

- ☒ **Compatibilidade e interoperabilidade:** um dos principais problemas com Wi-Fi é sua compatibilidade e interoperabilidade. Por exemplo, os produtos 802.11a não são compatíveis com produtos 802.11b. Devido a diferentes frequências de operação, hotspot 802.11a não ajudaria um cliente 802.11b. Devido à falta de padronização, harmonização e certificação e diferentes fornecedores, há produtos que não funcionam com o outro.

- ☒ **Problemas de faturamento:** os fornecedores de Wi-Fi também estão procurando maneiras de resolver o problema de integração e faturamento de backend, que têm perseguido a implantação de hotspots Wi-Fi comerciais – algumas das ideias em consideração para faturamento Wi-Fi: por dia, por hora, e taxas de conexão mensais ilimitadas.

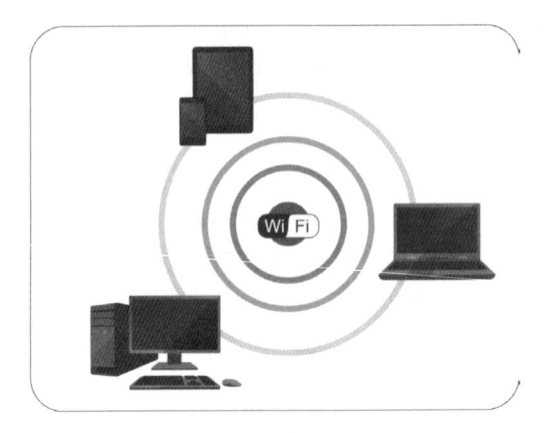

Figura 14.2 Desenho ilustrativo de uma rede Wi-Fi.

7 - Problemas típicos com uma rede Wi-Fi

Quando pensamos em instalar uma rede Wi-Fi, precisamos ficar atentos a obstáculos naturais que reduzem o sinal e precisam ser evitados e, quando não for possível, atenuados, tais como:

- ☒ Plantas em vasos próximos à antena.
- ☒ Forno de micro-ondas.
- ☒ Telefone sem fio.
- ☒ Caixa de água.
- ☒ Bebedouro.

Não que o sistema não vá funcionar, mas pode reduzir os sinais e atrapalhar a comunicação.

Esses obstáculos são clássicos em um ambiente onde se pretende usar Wi-Fi, mas se o access point, comumente chamado de roteador, tiver uma potência elevada, assim como antenas bem dimensionadas, diminuirá a possibilidade de interferências por esses obstáculos.

8 - O que vem a seguir dentro do mundo das comunicações sem fio?

O foco em wireless está mudando para área ampla, isto é, WiMax. O WiMax, abreviação de Interoperabilidade Mundial para Acesso por Micro-ondas, é definido nos padrões IEEE 802.16. Ele é projetado para oferecer um serviço de acesso de banda larga sem fio (BWA) de área metropolitana e está sendo promovido pelo WiMax Forum.

O WiMAX é bastante semelhante ao Wi-Fi, mas em uma escala e velocidades muito maiores.

9 - Exercícios

1 – O que é uma rede Wi-Fi?

R.: Wi-Fi é uma tecnologia de rede local (LAN) projetada para fornecer cobertura de banda larga em locais fechados ou controlados. O Wi-Fi é baseado na especificação IEEE 802.11.

2 – Quais são os padrões mais comuns em uma rede Wi-Fi?

R.: Os padrões mais comuns na atualidade são: 802.11a, 802.11b, 802.11g e 802.11n.

3 – Quais são os padrões de segurança de uma rede Wi-Fi?

R.: Os padrões mais comuns são: WEP, WPA e WPA2.

4 – Quais as dificuldades básicas que enfrentamos na construção de uma rede Wi-Fi?

R.: Os obstáculos mais comuns são:

- ☒ Plantas em vasos próximos à antena.
- ☒ Forno de micro-ondas.
- ☒ Telefone sem fio.
- ☒ Caixa de água.
- ☒ Bebedouro.

5 – Cite onde uma rede Wi-Fi não seria possível de ser usada no lugar da rede cabeada?

R.: Em um local onde o nível de ruído elétrico é extremamente elevado.

CAPÍTULO 15

BLUETOOTH

Será abordado nesse capítulo o protocolo Bluetooth, sua aplicação, funcionamento e desempenho.

O Bluetooth é um protocolo largamente utilizado em automação residencial e conexão entre celulares, por isso é importante analisar sua funcionalidade.

1 - Conceito

Bluetooth é um protocolo de comunicação de rede sem fio, com uso dentro de um âmbito pessoal, considerado rede do tipo PAN (Personal Area Network). O Bluetooth permite a conexão para a troca de informações entre dispositivos, como computadores, impressoras, câmeras digitais, telefones celulares, notebooks e consoles de videogames digitais, através de uma frequência de curto alcance.

As especificações do protocolo Bluetooth foram criadas e licenciadas pelo Bluetooth Special Interest Group.

Estamos caminhando para uma forma de transmissão de dados na qual toda troca de informações entre dispositivos está se operando sem fio, e o Bluetooth é uma grande parte dessa revolução. Você vai encontrar Bluetooth embutido em uma grande variedade de produtos de consumo, como fones de ouvido, games, entre outros equipamentos.

Em nosso mundo de eletrônicos incorporados, o Bluetooth serve como um excelente protocolo para transmitir sem fio quantidades relativamente pequenas de dados em um curto alcance (< 100m). É perfeitamente adequado como uma substituição sem fio para interfaces de comunicação serial. Pode-se usá-lo para criar um DIY HID Computer Keyboard, com o módulo direito, ele pode ser usado para interface com um fone de ouvido sem fio para reprodução de MP3.

Esperamos dar uma rápida visão geral do protocolo Bluetooth; para isso, examinaremos as especificações e os perfis que formam sua base e analisaremos como o Bluetooth se compara a outros protocolos sem fio.

2 - Operação do Bluetooth

O protocolo Bluetooth opera a 2,4 GHz na mesma banda de frequência ISM não licenciada em que também existem protocolos de RF, como ZigBee e Wi-Fi. Existe um conjunto padronizado de regras e especificações que o diferencia de outros protocolos.

3 - Masters, slaves e piconets

As redes Bluetooth (comumente chamadas de piconets) usam um modelo master/ slave para controlar quando e onde os dispositivos podem enviar dados. Nesse modelo, um único dispositivo master pode ser conectado a até sete dispositivos slaves diferentes. Qualquer dispositivo slave na piconet só pode ser conectado a um único master. Na Figura 15.1, podemos ver basicamente as malhas Bluetooth.

O master coordena a comunicação ao longo da piconet. Ele pode enviar dados para qualquer um de seus slaves e solicitar dados deles também. Os slaves só podem transmitir e receber de seu master. Algo muito interessante dentro das redes Bluetooth é que eles não podem falar com outros slaves na piconet.

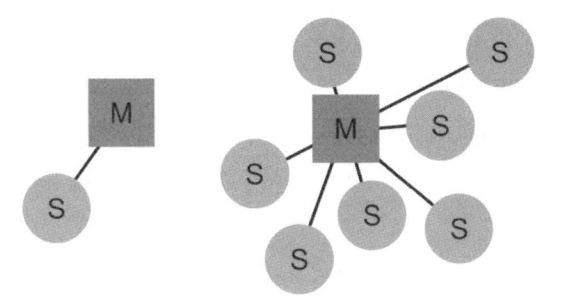

Figura 15.1 Malha Bluetooth.

4 - Endereços e nomes Bluetooth

Cada dispositivo Bluetooth tem um endereço exclusivo de 48 bits, geralmente abreviado BD_ADDR. Isso geralmente será apresentado sob a forma de um valor hexadecimal de 12 dígitos. A metade mais significativa (24 bits) do endereço é um identificador único de organização (OUI), que identifica o fabricante. Os 24 bits mais baixos são a parte mais exclusiva do endereço.

Esse endereço deve estar visível na maioria dos dispositivos Bluetooth. Por exemplo, nesse módulo Bluetooth RN-42 da Figura 15.2, o endereço impresso ao lado de MAC NO é 000666422152:

Figura 15.2 Típica placa Bluetooth.

Na Figura 15.2, temos uma placa comercial típica para Bluetooth.

A parte 000666 desse endereço é a OUI da Roving Networks, o fabricante do módulo. Cada módulo RN partilhará os 24 bits superiores. A parte 422152 do módulo é o ID mais exclusivo do dispositivo.

Dispositivos Bluetooth também podem ter nomes user-friendly[1] dado a eles. Esses são normalmente apresentados ao usuário, no lugar do endereço, para ajudar a identificar o dispositivo.

As regras para nomes de dispositivo são menos rigorosas. Eles podem ter até 248 bytes de comprimento, e dois dispositivos podem compartilhar o mesmo nome. Às vezes, os dígitos exclusivos do endereço podem ser incluídos no nome para ajudar a diferenciar dispositivos.

5 - Processo de conexão

Criar uma conexão Bluetooth entre dois dispositivos é um processo de várias etapas, que envolve três estados progressivos:

5.1 Inquérito

Se dois dispositivos Bluetooth não sabem absolutamente nada um sobre o outro, é preciso executar um inquérito para tentar descobrir o outro. Um dispositivo envia a solicitação de consulta e qualquer dispositivo que escuta essa solicitação responderá com seu endereço e, possivelmente, seu nome e outras informações.

5.2 Paging (conexão)

Paging é o processo de formar uma conexão entre dois dispositivos Bluetooth. Antes que esta conexão possa ser iniciada, cada dispositivo precisa conhecer o endereço do outro (encontrado no processo de consulta).

---

1 User-friendly é um termo muito usado nos meios computacionais para definir algo de fácil utilização pelo usuário. A tradução direta seria amigável com o usuário.

5.3 Conexão

Após a conclusão do processo de paginação, o dispositivo entra no estado de conexão. Enquanto conectado, um dispositivo pode estar ativamente participando ou pode ser colocado em um modo de baixo consumo de energia.

5.4 Modo ativo

Esse é o modo conectado normalmente, em que o dispositivo está ativamente transmitindo ou recebendo dados.

5.5 Sniff mode

Esse é um modo de economia de energia, em que o dispositivo está menos ativo. Ele vai dormir e apenas ouvir transmissões em um intervalo definido (por exemplo, a cada 100ms).

5.6 Modo de retenção

O modo de retenção é um modo temporário de economia de energia, em que um dispositivo dorme durante um período definido e, em seguida, retorna ao modo ativo quando esse intervalo tiver passado. O master pode comandar um dispositivo slave para segurar.

5.7 Modo parque

Parque é o mais profundo dos modos de sono. Um master pode comandar um slave para "estacionar", e esse slave ficará inativo até que o master diga para acordar de volta.

6 - Vinculação e pareamento

Quando dois dispositivos Bluetooth compartilham uma afinidade especial um com o outro, eles podem ser unidos. Dispositivos vinculados estabelecem automaticamente uma conexão sempre que estão perto o suficiente. Quando eu ligar meu carro, por exemplo, o telefone em meu bolso imediatamente se conecta ao carro através do sistema Bluetooth, porque eles compartilham um vínculo.

As obrigações são criadas por meio de um único processo, chamado de pareamento. Quando dispositivos emparelharem, eles compartilham seus endereços, nomes e perfis, e, geralmente, armazena-os na memória, podendo também compartilhar uma chave secreta comum, o que lhes permite vincular sempre que estiverem juntos.

Pareamento, normalmente, requer um processo de autenticação em que um usuário deve validar a conexão entre dispositivos. O fluxo do processo de autenticação varia e, usualmente, depende das capacidades de interface de um dispositivo ou outro. Às vezes, o emparelhamento é uma simples operação Just Works, em que o clique de um botão é tudo o que leva para parear (isso é comum para dispositivos sem UI, como fones de ouvido). Outras vezes, o emparelhamento envolve a correspondência de códigos numéricos de 6 dígitos. Nos mais antigos, (v2.0 e anteriores), os processos de pareamento envolvem a introdução de um código PIN[2] comum em cada dispositivo. O código PIN pode variar em comprimento e complexidade a partir de quatro números (por exemplo, 0000 ou 1234) para uma cadeia alfanumérica de 16 caracteres. Frequentemente, usamos os números 0000 ou 1234 quando se trata de uma comunicação que não exige um nível de segurança, mas esse número PIN pode e deve ser alterado quando da necessidade de segurança maior.

7 - Classes de potência

A potência de transmissão e, portanto, a distância de um módulo Bluetooth é definida por sua classe de potência. Existem três classes de poder definidas, como podemos ver na Tabela 15.1.

---

2 PIN (Personal Identification Number) é uma espécie de senha; a tradução direta seria número de identificação pessoal.

Tabela 15.1 Classes de potência.

Número da classe	Máxima potência de saída (dBm)	Máxima potência de saída (mW)	Máximo alcance
Classe 1	20dBm	100mW	100m
Classe 2	4dBm	2.5mW	10m
Classe 3	0dBm	1mW	10cm

Alguns módulos só são capazes de operar em uma classe de energia baixa, enquanto outros podem variar sua transmissão para uma potência mais alta, dependendo da necessidade, por exemplo, se usamos o Bluetooth em uma loja para divulgar uma propaganda entre os frequentadores.

8 - Perfis Bluetooth

Os perfis Bluetooth são protocolos adicionais, baseados no padrão Bluetooth básico, para definir mais claramente o tipo de dados que um módulo Bluetooth está transmitindo. Enquanto as especificações Bluetooth definem como a tecnologia funciona, os perfis definem como ele é usado.

O perfil que um dispositivo Bluetooth suporta determina a qual aplicação está orientado. Um fone de ouvido Bluetooth mãos livres, por exemplo, usa um perfil de fone de ouvido (HSP), enquanto um Nintendo Wii Controller implementaria o perfil de dispositivo de interface humana (HID). Para que dois dispositivos Bluetooth sejam compatíveis, eles devem suportar os mesmos perfis.

Vamos dar uma olhada em alguns dos mais comumente encontrados perfis Bluetooth.

8.1 Perfil de Porta Serial (SPP)

Se você estiver substituindo uma interface de comunicação serial (como RS232C ou UART) com Bluetooth, SPP é o perfil para você. SPP é ótimo para enviar rajadas de dados entre dois dispositivos. É um dos perfis Bluetooth fundamentais (o propósito original do Bluetooth era substituir os cabos RS232C).

Usando o SPP, cada dispositivo conectado pode enviar e receber dados como se houvesse linhas RX e TX conectadas entre eles. Dois Arduino, por exemplo, poderiam conversar um com o outro sem o uso de fios conforme podemos ver na Figura 15.3

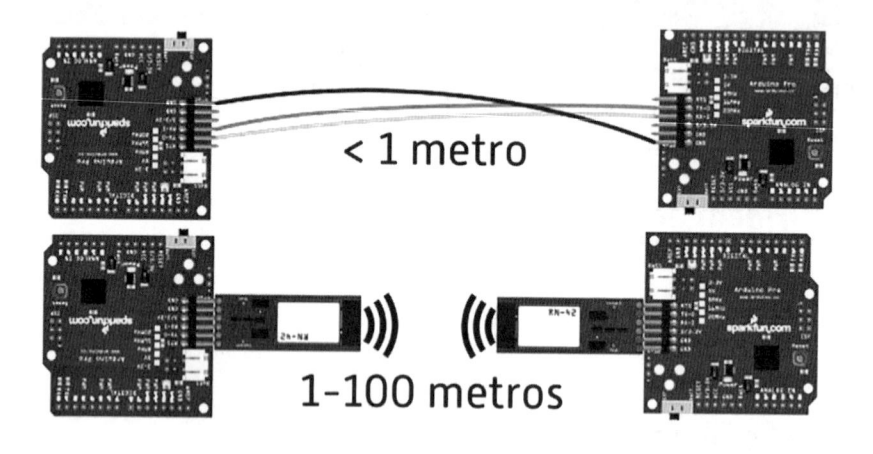

Figura 15.3 Dois Arduino conversando entre si com e sem fio.

8.2 Perfil mãos livres (HFP) e perfil de fone de ouvido (HSP)

Os Bluetooth auriculares permitem a conversa entre duas pessoas sem o uso das mãos para segurar os celulares. Normalmente, para que isso aconteça, usa-se o perfil de fone de ouvido (HSP) ou o perfil mãos livres (HFP).

O HFP é usado nos sistemas de áudio mãos livres incorporadas nos carros. Ele implementa alguns recursos em cima daqueles em HSP para permitir as interações de telefone comuns (aceitar/rejeitar chamadas, desligar etc.) enquanto o telefone permanece em seu bolso.

9 - Taxas de velocidade de comunicação

Na Tabela 15.2 podemos ver que a evolução do Bluetooth levou a uma taxa de velocidade muito atraente, propiciando transmissão de dados, áudio e vídeo.

Tabela 15.2 Taxas de velocidade.

Versão	Taxa de transmissão
Versão 1.2	**1 Mbit/s**
Versão 2.0 + EDR	**3 Mbit/s**
Versão 3.0	**24 Mbit/s**
Versão 5.0	**50 Mbit/s**

10 - Origem do nome Bluetooth

O nome Bluetooth é uma homenagem dos criadores do protocolo ao antigo rei do reino da Dinamarca, chamado Harald Blatand, que em inglês significa Harold Bluetooth. Blatand ficou conhecido por unificar no passado as tribos norueguesas, suecas e dinamarquesas. Assim, o protocolo está seguindo essa característica de acompanhar essa tradição, ou seja, unir diferentes tecnologias, como telefones móveis e computadores.

O logotipo do Bluetooth é a união das runas nórdicas (Hagall) e (Berkanan), correspondentes às letras H e B no alfabeto latino.

11 - Dispositivo de Interface Humana (HID)

O HID é o perfil go-to para dispositivos de entrada de usuário habilitados para Bluetooth, como mouses, teclados e joysticks. Ele também é usado para uma grande variedade de modernos controladores de videogame, como WiiMotes ou controladores PS3.

O perfil HID do Bluetooth é, na verdade, uma cópia do perfil HID já definido para dispositivos USB de entrada humana. Assim como o SPP serve como um substituto para os cabos RS232C, o HID pretende substituir cabos USB.

12 - Versões do Bluetooth

O Bluetooth tem evoluído constantemente desde que foi concebido em 1994. A atualização mais recente do Bluetooth, Bluetooth v4.0, está apenas começando a ganhar força na indústria de eletrônicos de consumo, mas algumas das versões anteriores ainda são amplamente utilizadas. Aqui está um resumo das versões Bluetooth mais comuns:

12.1 Bluetooth v1.2

As versões v1.x lançaram as bases para os protocolos e suas especificações. Futuras versões são construídas em cima dessa primeira. Bluetooth v1.2 foi a versão 1.x mais estável. Esses módulos são bastante limitados em comparação com versões posteriores. Eles suportam taxas de dados de até 1 Mbps (mais para 0,7 Mbps na prática) e 10 metros de alcance máximo.

12.2 Bluetooth v2.1 + EDR

As versões 2.x do Bluetooth introduziram a taxa de dados melhorada (EDR), que aumentou o potencial de taxa de dados até 3Mbps (mais perto de 2.1 Mbps na prática). O Bluetooth v2.1, lançado em 2007, introduziu o pareamento simples e seguro (SSP).

Os módulos Bluetooth v2.1 ainda são muito comuns. Para microcontroladores de baixa velocidade, em que 2 Mbps é ainda rápido, v2.1 lhes dá praticamente tudo de que poderiam precisar. O módulo RN-42 Bluetooth, por exemplo, continua a ser popular em produtos como o Bluetooth Mate e BlueSMiRF HID.

12.3 Bluetooth v3.0 + HS

Você pensou que 3 Mbps era rápido? Multiplique isso por oito e você tem a velocidade do Bluetooth v3.0 — 24 Mbps. Essa velocidade pode ser um pouco rápida, porque os dados são realmente transmitidos através de uma conexão Wi-Fi (802.11). O Bluetooth é usado apenas para estabelecer e gerenciar uma conexão.

Pode ser complicado pregar a taxa de dados máxima de um dispositivo v3.0, pois alguns dispositivos podem ser Bluetooth v3.0 + HS, e outros podem ser rotulados como Bluetooth v3.0. Somente os dispositivos com o sufixo + HS são capazes de rotear dados através de Wi-Fi e alcançar essa velocidade de 24 Mbps. Os dispositivos Bluetooth v3.0 ainda estão limitados a um máximo de 3 Mbps, mas suportam outros recursos introduzidos pelo padrão 3.0, como melhor controle de potência e um modo de streaming.

12.4 Bluetooth v4.0 e Bluetooth de baixa energia

O Bluetooth 4.0 divide a especificação Bluetooth em três categorias: clássica, de alta velocidade e de baixa energia. Chamada clássica e de alta velocidade para versões Bluetooth v2.1 + EDR e v3.0 + HS, respectivamente. O destaque real do Bluetooth v4.0 é o Bluetooth de baixa energia (BLE).

BLE é uma revisão maciça das especificações de Bluetooth, destinadas a aplicações de potência muito baixa. Ele sacrifica intervalo (50m em vez de 100m) e throughput de dados (0.27 Mbps em vez de 0.7-2.1 Mbps), para uma economia significativa no consumo de energia. BLE destina-se a dispositivos periféricos que operam em baterias e que não requerem altas taxas de dados, ou transmissão de dados constante. Smartwatches, como o MetaWatch, são um bom exemplo dessa aplicação.

13 - Comparação sem fio

Sempre é necessário realizar comparações entre protocolos sem fio, pois o que um é bom para uma aplicação não será efetivamente para outra, principalmente quando nosso objetivo é mostrar os protocolos e sua aplicabilidade em processos de automação.

O Bluetooth está longe de ser o único protocolo sem fio do mercado dentro de suas características. Atualmente, o ZigBee ou XBee são os mais fortes concorrentes do Bluetooth. Então, o que torna o Bluetooth diferente do resto dos protocolos de transmissão de dados sem fio por aí? Poderíamos dizer que ele chegou primeiro, o que o popularizou rapidamente.

Segue na Tabela 15.3 uma comparação entre os sistemas sem fio mais comuns no momento:

Tabela 15.3 - Tabela comparativa entre sistemas de transmissão sem fio.

Nome	Bluetooth clássico	Bluetooth 4.0 – baixo consumo (BLE)	ZigBee	Wi-Fi
IEEE padrão	**802.15.1**	**802.15.1**	**802.15.4**	**802.11** (a, b, g, n)
Frequência (GHz)	**2.4**	**2.4**	**0.868**, 0.915, 2.4	**2.4** and 5
Taxa de transferência de dados típica (Mbps)	**0.7-2.1**	**0.27**	**0.2**	**7** (b), 25 (g), 150 (n)
Alcance máximo (externo) em metros	**10** (classe 2), 100 (classe 1)	**50**	**10-100**	**100-250**
Consumo de energia	**médio**	**baixo**	**muito** baixo	**alto**
Exemplo de vida da bateria	**dias**	**meses**	**meses**	**horas**
Tamanho da rede	**7**	**indefinido**	**64,000+**	**255**

Bluetooth não é a melhor escolha para todo trabalho sem fio, mas podemos destacar em aplicações de curto alcance uma escolha ótima para substituição de cabo. Ele também possui um processo de conexão tipicamente mais conveniente do que seus concorrentes.

ZigBee é, muitas vezes, uma boa escolha para monitorar redes – como projetos de automação residencial. Essas redes podem ter dezenas de nós sem fio, que são apenas escassamente ativos e nunca têm de enviar um monte de dados.

Wi-Fi é, provavelmente, o mais familiar desses quatro protocolos sem fio. Estamos todos bem familiarizados com o propósito de que ele é melhor para a acesso à internet. É rápido e flexível, mas também requer muita energia. Para o acesso à internet de banda larga, o Wi-Fi supera todos os outros.

14 - Exemplo de aplicação

Na Figura 15.4, temos duas placas comerciais de Bluetooth que são usadas com Arduino. Assim, podemos consultar sites na internet que nos possibilitam a construção de aplicações de comunicação entre Arduino e um telefone celular por exemplo.

No site Flipe Flop (https://www.filipeflop.com/blog/tutorial-arduino-Bluetooth-hc--05-master), podemos ver as placas sendo usadas em um pequeno projeto.

Figura 15.4 Exemplo de placa de Bluetooth para Arduino.

15 - Exercícios

1 – Defina o protocolo Bluetooth.

R.: Bluetooth é um protocolo de comunicação de rede sem fio, com uso dentro de um âmbito pessoal, considerada rede do tipo PAN (Personal Area Network).

2 – Onde melhor se aplica o protocolo Bluetooth?

R.: Conexão entre dispositivos móveis e com uma relativa segurança de comunicação.

3 – Como se elabora o processo de comunicação no protocolo Bluetooth?

R.: Através de um pareamento entre as partes, para posterior envio e recebimento dos dados.

4 – Quais são as taxas de transmissão do protocolo de comunicação Bluetooth?

R.: Dependendo da versão, vai de 2 Mbps a 24 Mbps.

5 – O que nos permite mais flexibilidade: ligação por fio ou por um protocolo como o Bluetooth?

R.: Sem dúvida por Bluetooth, pois a fiação limita movimentos e o principal objetivo do Bluetooth está na mobilidade.

CAPÍTULO 16

ZIGBEE

Neste capítulo, abordaremos um protocolo muito popular nos meios de automação para comunicação entre microcontroladores e dispositivos de coleta de informação e os microcontroladores. Este protocolo de comunicação, em alguns aspectos, é mais eficaz do que o Bluetooth, mas não é muito conhecido pelo público: ZigBee.

1 - Conceito

ZigBee é um padrão definido por uma aliança de empresas de diferentes segmentos do mercado, chamada ZigBee Alliance. Esse protocolo permite comunicação sem fio confiável, com baixo consumo de energia, para aplicações de monitoramento e controle. Para implementar as camadas MAC (Medium Access Control) e PHY (Physical Layer) o ZigBee utiliza a definição 802.15.4 do IEEE, que opera em bandas de frequência livres.

2 - Por que usar ZigBee?

Atualmente, existem diversos padrões de protocolos que definem transmissão em médias e altas taxas de velocidade, tanto para redes de computadores pessoais como para outros dispositivos. O ZigBee procura estar em acordo com as necessidades únicas da comunicação sem fio entre dispositivos de controle e sensores, com baixo custo, ótima taxa de transmissão e tamanho reduzido com longo alcance.

Dentre os principais fatores que distinguem o ZigBee das outras redes, está a baixa latência, com otimização para baixo consumo de energia, bem como a possibilidade de implementação de redes, com elevado número de dispositivos e baixa complexidade dos nós de rede.

A empresa responsável por essa tecnologia foi a empresa Philips e chamava-se apenas Home RF Lite, mas depois foi criada a ZigBeeTM Alliance, e adotou-se a nomenclatura ZigBee.

Uma malha do protocolo ZigBee apresenta múltiplos percursos possíveis na comunicação entre dispositivos, o que permite eliminar um possível ponto de falha, através do movimento de dados dentro de uma rede. O nome ZigBee nasceu observando-se as abelhas, que voam em ziguezague, e, dessa forma, é possível informar o restante dos elementos de sua comunidade sobre a distância, direção e localização dos alimentos encontrados.

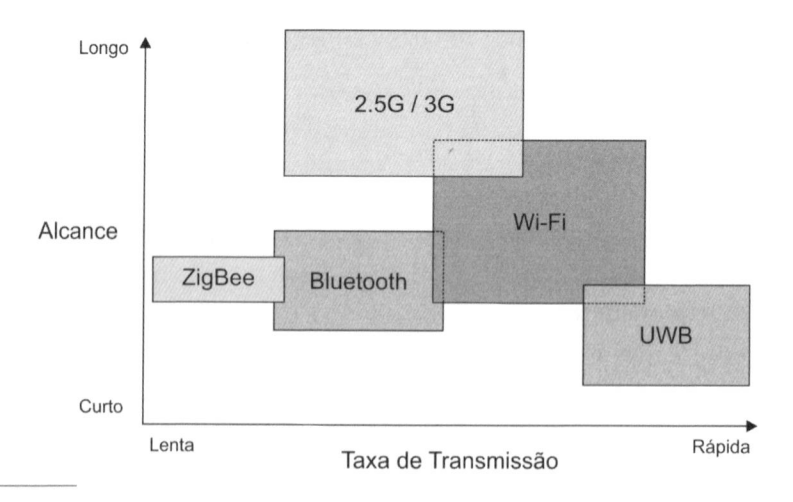

Figura 16.1: As tecnologias wireless.

Com uma grande possibilidade de aplicação, desde o controle industrial até uma simples automação residencial, o protocolo ZigBee tem intrinsecamente determinadas características que o tornam absolutamente distinto dos restantes, tais como:

☒ Reduzido consumo de energia.

☒ Sua pilha protocolar de implementação é simples (código é menos de um quarto do código do Bluetooth), permite assim uma interface de baixo custo.

3 - Principais aplicações

O protocolo ZigBee está disponível para diferentes tipos de aplicações.

☒ Controle industrial (gerenciamento de ativos, controle de processos etc.).

☒ Periféricos para PC (teclado, mouse e joystick).

☒ Automação e controle predial (segurança, controle de acesso e iluminação).

☒ Controle remoto de produtos eletrônicos.

☒ Automação residencial e comercial.

A estrutura da arquitetura do protocolo ZigBee é constituída por várias camadas, em que cada uma executa um serviço específico. Existe uma entidade de dados, que fornece dados para o serviço de transmissão, e uma outra entidade de gestão, que fornece informação para todos os outros serviços. Cada entidade de serviço apresenta uma interface para a camada imediatamente superior através do que se chama de Ponto de Acesso ao Serviço (SAP) e cada SAP suporta um número de primitivas de serviço para ativar a funcionalidade que foi solicitada. Embora o ZigBee esteja baseado no modelo OSI (Open Systems Interconnection) de sete camadas, a arquitetura do protocolo define, no entanto, somente as camadas de interesse para atingir o que se deseja realizar dentro do processo de comunicação. De forma simples, as diferentes camadas podem ser esquematizadas conforme se visualiza na Figura 16.2.

4 - Camadas da arquitetura protocolar ZigBee

As duas primeiras camadas que fazem o acesso físico (PHY) e a camada de controle de acesso ao meio (MAC) são definidas pela norma IEEE 802.15.4.

Sobre essas duas camadas, está definida a camada de redes. Assim, as camadas de rede (NWK) e o framework para a camada de aplicação (APL) ficam imediatamente acima. Outras subcamadas operam dentro dessa camada de rede, tais como: Suporte Aplicacional (APS), Objeto de Dispositivo ZigBee (ZigBee Device Object – ZDO) e os Objetos de Aplicação (Application Objects).

A camada PHY é a responsável pela transmissão e recepção dos dados através de um canal físico em Rádiofrequência (RF).

A camada MAC tem o papel de controlar o acesso aos canais de rádiofrequência, utilizando os tradicionais mecanismos de prevenção de colisão CSMA-CA (Carrier Sense Multiple Access with Collision Avoidance), A camada MAC tem o papel de controlar o acesso aos canais de rádiofrequência, utilizando os tradicionais mecanismos de prevenção de colisão CSMA-CA (Carrier Sense Multiple Access – Collision Avoidance), isso ocorre quando efetua as comunicações com a camada inferior – a chamada camada PHY. Além disso, essa camada especifica o tipo de dispositivos que são permitidos na rede, a estrutura de tramas admissível e realiza a sincronização e transmissão dos beacons..

A camada NWK é, dentro da hierarquia, a primeira camada que, realmente, é definida pela norma do protocolo ZigBee, em que é sua responsabilidade o início ou fim da operação de um dispositivo na rede, bem como a descoberta de novos dispositivos na vizinhança e atribuição dos endereços (esse último ocorre apenas em dispositivos coordenadores). Essa camada é responsável também por descobrir as rotas e todo o mecanismo de encaminhamento de informação, assim como a configuração de novos dispositivos.

Quanto à camada de aplicação (APL), contém as subcamadas Aplication Support Sublayer (APS), ZigBee Device Object (ZDO) e Application Framework (AF), e tem a função de assegurar uma correta gestão e suporte para as diversas aplicações.

O ZigBee tem a possibilidade de suportar uma elevada densidade de nós por rede (máximo de 65535 dispositivos por cada ZigBee coordenador), valor muito superior aos 8 do Bluetooth ou até mesmo os 30 do Wi-Fi.

Esse protocolo permite diferentes topologias da rede: estrela, malha ou árvore, permitindo até mesmo o estabelecimento de redes de nós ad hoc.

Como ele possui um tempo menor de ligação à rede que os outros protocolos e apresenta maior rapidez na passagem do modo standby ao ativo, o ZigBee apresenta também uma latência muito baixa. Verifica-se quase que conexão instantânea.

O protocolo trabalha fundamentalmente em dois estados de operação: ativo, quando ocorre o envio ou recepção de dados, e o sleep1, quando está em repouso aguardando sinal para comunicação. A aplicação não precisa se preocupar em selecionar o modo mais adequado, pois isso ocorre automaticamente.

Aplicação / Perfil	Usuário
Suporte a Aplicação	ZigBee Alliance
Rede (NWK) / Segurança (SSP)	
MAC	IEEE 802.15.4
PHY	

Figura 16.2: Camadas do padrão.

Existem no ZigBee dois modos de operação: beaconing e non-beaconing.

Elevada segurança, com recurso a 128-bit de criptografia.

Elevada fiabilidade no processo de comunicação.

Tem em sua estrutura o suporte para duas classes de dispositivos físicos, que é definido na norma IEEE 802.15.4, podendo ambos coexistir em uma mesma rede:

- ☒ **Full Function Device (FFD):** pode funcionar em qualquer que seja a topologia da rede, desempenhando a função de coordenador da rede e, consequentemente, tendo acesso a todos os outros dispositivos. Assim, trata-se de dispositivos de construção mais complexa.

- ☒ **Reduced Function Device (RFD):** é limitado a uma configuração com topologia em estrela, não podendo atuar como coordenador da rede. Pode apenas comunicar-se com um coordenador de rede. São dispositivos de construção mais simples.

As duas classes de dispositivos físicos trabalham com três tipos de dispositivos lógicos: coordenador, roteador e endpoint.

O ZigBee opera em três bandas de rádio, conhecidas como ISM:

- ☒ Industrial.
- ☒ Cientifica.
- ☒ Médica.

Todas essas bandas são isentas de licenciamento. Assim, podemos usar à vontade, sem qualquer documento para sua utilização frente às agências reguladoras.

Globalmente falando, correspondem à banda de 2.4 GHz e ainda às bandas de 915 MHz (Estados Unidos) e 868 MHz (Europa). Dependendo da banda, existe variação na taxa de transmissão:

- ☒ Na banda de 2.4 GHz podem ser obtidas taxas de transmissão de 250 kbps, com 16 canais disponíveis.
- ☒ Na banda de 915 MHz, está disponível uma taxa de transmissão de 40 kbps e 10 canais de comunicação.
- ☒ Na banda de 868 MHz, possibilita-se um canal e taxa de transmissão de 20 kbps.

No quesito de modulação, são utilizados:

- ☒ QPSK (Quadrature Phase Shift Keying) para a banda dos 2.4 GHz
- ☒ BPSK (Binary Phase Shift Keying) para os 915 ou 868 MHz.

5 - Topologia da rede

Uma vez que esse padrão dá um sentido à rede na forma ad hoc, não existe, então, uma topologia predeterminada nem tampouco um controle que seja obrigatoriamente centralizado.

No entanto, por sua característica dinâmica de configurar a rede, em qualquer uma das topologias, o ZigBee coordenador será sempre o dispositivo responsável por iniciar uma rede.

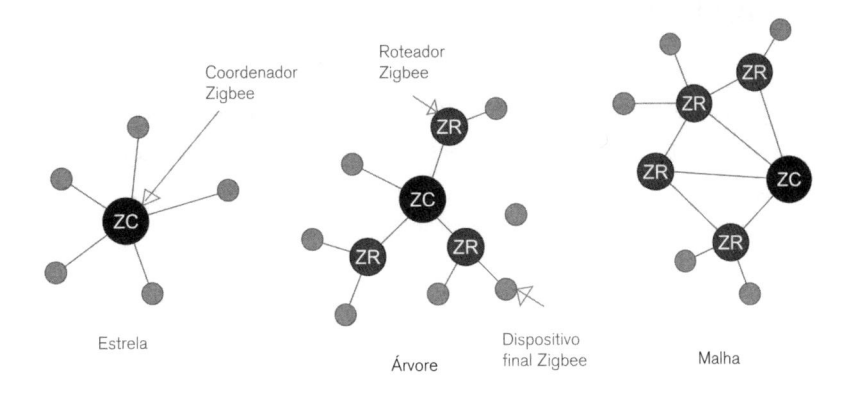

Figura 16.3 Topologia do ZigBee.

A rede ZigBee pode trabalhar em três diferentes modos de arquitetura de redes:

5.1 Estrela (Star)

É ao ZigBee coordenador que cabe todo o controle da rede em que está inserido, assumindo um papel central de controle e de comunicação direta com todos os dispositivos endpoint ou finalizador. Portanto, o coordenador inicia e mantém todos os dispositivos na rede. Toda a informação em circulação na rede tem de passar pelo nó coordenador. Endpoint é o dispositivo final, pois ele difere do roteador e do coordenador, nele está o equipamento final que deseja se comunicar.

5.2 Malha (Mesh)

Em uma topologia definida como malha, os dispositivos do tipo FFD (Coordenadores/Roteadores) são livres para se comunicar com outro dispositivo FFD, não existindo qualquer empecilho. Isso permite, quando for necessário, a expansão física da rede. O coordenador tem a função de registrar toda a entrada e saída de dispositivos, mas não assume um papel tão preponderante no quesito de controlar o fluxo de informação, como ocorre na configuração anterior.

5.3 Árvore (Tree)

A topologia em árvore apresenta muita semelhança com a topologia em malha, pois também são usados dispositivos roteadores. No entanto, nessa topologia, ocorre a distribuição de dados e mensagens em um controle dentro de estrutura hierárquica, em que o coordenador assume o papel de nó central da rede.

> Em um projeto, deveremos pensar bem qual a melhor arquitetura que devemos adotar; disso, vai resultar um melhor ou pior resultado em nossa rede.

6 - Modos de operação da rede

Os modos de operação são beaconing e non-beaconing:

O modo beaconing é o modo em que os nós ZigBee Routers (Roteadores ZigBee) transmitem periodicamente sinalização (beacons) para confirmar sua presença aos outros nós dessa rede, sendo que os nós restantes precisam estar ativos no momento dessa sinalização. Tal situação permite mantê-los no modo sleep entre as sinalizações, com evidente vantagem em termos de consumo de energia, prolongando a vida da bateria que pode estar sendo usada para alimentação. O intervalo entre os envios dos beacons pode variar entre os 15.36ms e os 251.65s, para uma taxa de transmissão de 250kbits/s.

O modo non-beaconing ocorre quando a maioria dos dispositivos mantém seus receptores permanentemente ativos, sendo o consumo de energia muito maior.

> Se o objetivo é redução de energia, deveremos optar pelo modo beaconing — lembrando da latência que existirá devido aos pulsos, ou seja, um ciclo de trabalho menor (duty cycle) —, mas, se não temos problemas de energia, o non-beaconing será uma melhor solução.

Na Tabela 16.1, temos os padrões mais comuns para o ZigBee.

Tabela 16.1 Padrões de comunicação.

Padrão	Frequências	Nº de canais	Técnica de modulação	Taxa de dados
802.15.4	2.4-2.4835 GHz	16 (11 a 26)	DSSS, O-QPSK	250 kbits/s
	868-870 MHz	1 (0)	DSSS, BPSK	20 kbits/s
	902-928 MHz	10 (1 a 10)	DSSS, BPSK	40 kbits/s

7 - Padrões adotados no ZigBee para comunicação

☒ **(Carrier Sense Multiple Access with Collision Avoidance):** quando um nó deseja fazer transmissão, ele envia um sinal avisando que deseja comunicar por um tempo suficiente, para que todos os componentes da rede o recebam. Só então os dados são transmitidos pelo elemento solicitante. Se durante uma transmissão um sinal de aviso for detectado, o emissor interrompe o envio da mensagem, reiniciando a tentativa de transmissão após um período aleatório.

☒ **(Direct Sequence Sread Spectrum):** espalhamento espectral por sequência direta. Nesse formato, é gerada uma sequência aleatória de valores 1 e -1, em uma frequência mais elevada, e essa frequência é multiplicada ao sinal original, causando espalhamento da energia do sinal em uma banda mais larga.

Figura 16.4 Exemplo de uma placa ZigBee.

Na Figura 16.4, podemos ver um exemplo de uma placa típica para aplicação em IoT atualmente utilizada. Tamanho reduzido, altas taxas de transmissão e baixo consumo colocam o ZigBee como um dos protocolos mais procurados pelos construtores de produtos para IoT.

8 - Exercícios

1 — Como podemos definir o protocolo ZigBee?

R.: ZigBee é um padrão definido por uma aliança de empresas de diferentes segmentos do mercado, chamada ZigBee Alliance. Esse protocolo permite comunicação sem fio confiável, com baixo consumo de energia, para aplicações de monitoramento e controle. Para implementar as camadas MAC (Medium Access Control) e PHY (Physical Layer), o ZigBee utiliza a definição 802.15.4 do IEEE, que opera em bandas de frequência livres.

2 – Explique as topologias existentes no protocolo ZigBee?

R.: As topologias são estrela, malha e árvore.

3 – Cite algumas aplicações para o ZigBee?

R.: Todo tipo de aplicação em que se necessita baixo consumo, velocidade média e dimensão reduzida.

4 — Quais são as camadas do protocolo ZigBee?

R.: São as camadas ISSO/OSI adequadas ao protocolo.

5 – Por que usar ZigBee?

R.: Porque é um protocolo que não exige licença e tem baixo consumo, pilha estrutural muito simples e alcance de sinal elevado.

CAPÍTULO 17

INTERFACE INFRAVERMELHO (IRDA)

Neste capítulo, abordaremos o protocolo IrDA, que é muito usado em controle remoto de televisores, bem como em transmissão de dados de curto alcance, por exemplo, entre celulares e impressoras.

Existem algumas aplicações de comunicação de dados em redes tais como atravessar uma rua sem a necessidade de cortar o chão para atravessar cabos de conexão de um prédio a outro, assim com uma conexão IR pode-se realizar essa ligação realizando a comunicação num ponto alto entre os prédios. Hoje tem sido substituído pelas comunicações via rádio do tipo Wi-Fi, radio proprietário entre outros. Hoje, o IrDA tem sido substituído pelas comunicações via rádio, do tipo Wi-Fi, radioproprietário, entre outros.

1 - Conceito

A IR (Radiação Infravermelha) é simplesmente uma luz que não podemos ver, o que a torna excelente para comunicação. As fontes de IR estão a nosso redor. O sol, as lâmpadas, ou qualquer coisa com calor, é muito brilhante no espectro IR. Quando você usa o controle remoto da TV, um LED IR é usado para transmitir informações para ela. Então, como o receptor de IR em sua TV escolhe sinais de seu controle remoto entre todos os do ambiente IR? A resposta é que o sinal IR é modulado. Modular um sinal é como atribuir um padrão a seus dados, para que o receptor saiba ouvir. Os protocolos, para o infravermelho, foram definidos por uma associação internacional chamada IrDA (Infrared Data Association).

Um esquema de modulação comum para comunicação IR (infra red) é algo chamado modulação 38 kHz. Há poucas fontes naturais, tais como cristal piezoeléctrico, fontes de rádios de infravermelho vindos do sol ou outros que têm a regularidade de um sinal de 38 kHz, assim um transmissor IR que emite os dados nessa frequência estaria para fora de qualquer frequência de rádio infravermelho natural ou ambiental. 38 kHz modulando um sinal de IR de dados é o mais comum usado em comunicações, mas outras frequências podem ser usadas.

Quando você apertar uma tecla em seu controle remoto, o LED IR transmissor piscará muito rapidamente por uma fração de segundo, transmitindo dados codificados para seu aparelho.

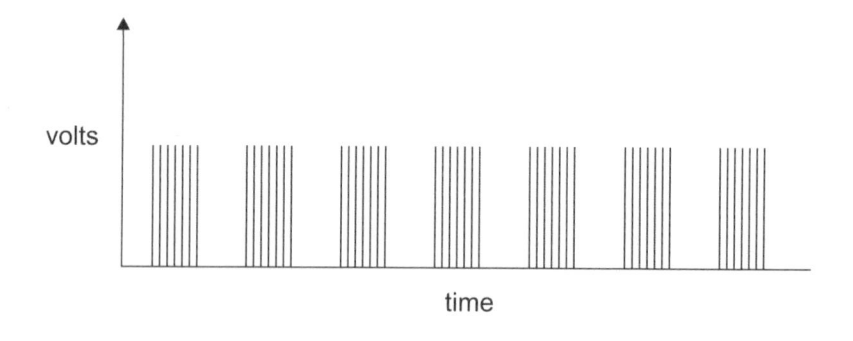

Figura 17.1 Sinal emitido por um IrDA. (*time* é a duração)

Se você fosse ligar um osciloscópio até o LED IR de sua TV remoto, você veria um sinal semelhante ao da Figura 17.1. Esse sinal modulado é exatamente o que o sistema receptor vê. No entanto, o ponto de vista do dispositivo receptor é demodular o sinal, ou seja, retirar o sinal modulante que são sinais de uma frequência maior e manter apenas o sinal de dados, que tem uma frequência menor e emitir uma forma de onda binária que pode ser lida por um microcontrolador. Quando você ler o pino OUT do TSOP382, você verá algo como o apresentado na Figura 17.2.

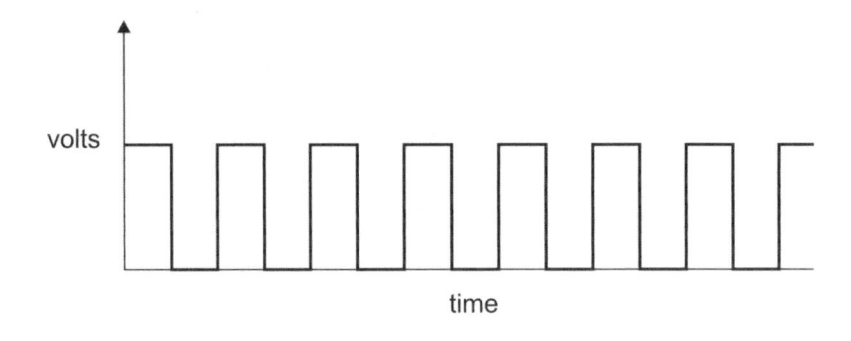

Figura 17.2 Forma de onde é recebida pelo sensor. (*time* é a duração)

O sinal da Figura 17.2 é teórico, porque nunca ficará um quadrado perfeito como o da imagem, mas bem próximo a isso sim.

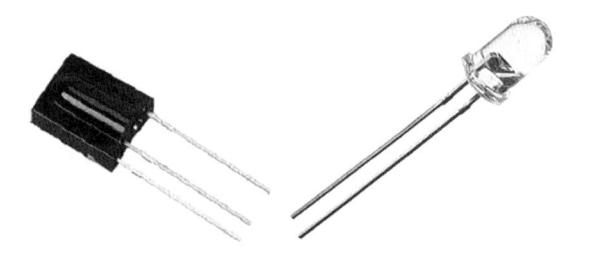

Figura 17.3 Sensor receptor de IrDA.

Controlando o espaçamento entre os sinais modulados que estão sendo transmitidos, a forma de onda pode ser lida por um pino de entrada em um microcontrolador e descodificada como um fluxo de bits em série.

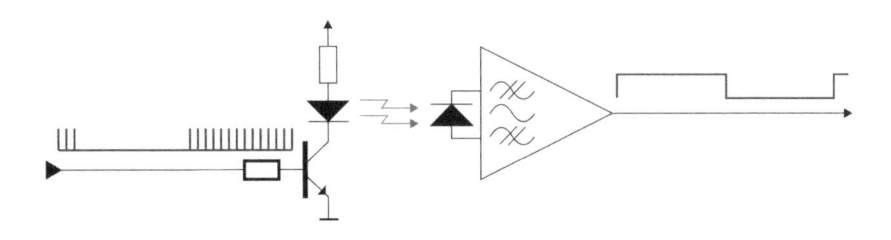

Figura 17.4 Sistema em bloco de envio e recepção de sinal IrDA.

Um Arduino ou outro sistema baseado em microcontrolador pode ser conectado a qualquer extremidade do sistema para transmitir (lado esquerdo) ou receber dados (lado direito). Na Figura 17.4, ilustra-se bem essa situação.

2 - Vantagens do infravermelho

A seguir estão as vantagens do infravermelho:

- ☒ É uma forma de comunicação segura, uma vez que a comunicação é ponto a ponto ou linha de visão. Não é viável para o intruso entrar e cortar os dados.

- ☒ Os dispositivos IR têm baixo consumo de energia e, portanto, a bateria durará por um período mais longo.

- ☒ Os dispositivos IR são menos dispendiosos.

3 - Desvantagens do infravermelho

A seguir estão as desvantagens do infravermelho:

- ☒ Por ser linha de visão, é difícil controlar as coisas que não estejam na linha de visão do dispositivo de controle de IR transmissor.

- ☒ Pode controlar somente um dispositivo de cada vez.

- ☒ A taxa máxima de transferência dos dados é de cerca de 4 Mbps.

- ☒ O dispositivo deve ser mantido estável durante o modo de transferência dos dados.

- ☒ Obstáculos rígidos (como portas, paredes), luz solar intensa, fumaça, poeira e nevoeiro afetam a comunicação por infravermelho.

- ☒ Mesmo que não possamos ver, ondas de infravermelhos podem danificar os olhos se transmitidos com maior potência de sinal.

A Tabela 17.1 mostra o formato dos dados, depois do bit de início ou inicialização o código de comando é enviado, o bit menos significativo é enviado primeiro, ou seja, o LSB (o bit menos significativo primeiro, como é padrão os protocolos de comunicação) depois o código do dispositivo, mais uma vez o bit menos significativo primeiro. Toda a série é enviada repetidamente enquanto o botão é pressionado, e isso ocorre a cada 45mS. Para decodificar as transmissões, precisamos medir a largura dos pulsos, primeiro procurando o pulso longo de "início" (start) de 2,4ms, depois medindo os próximos 12 pulsos e verificando se estes são 1 ou 0's. Para fazer isso, poderemos fazer um simples contador de 8 bits, com NOP's no loop para se certificar que não vai transbordar o contador. Após a medição de um pulso, vamos em seguida, testá-lo para ver se é um pulso válido. Em caso afirmativo, ler os 12 pulsos restantes que deverão ser nível 0 ou nível 1. Se qualquer um destes 12 é diferente de nível 1 ou nível 0 abortar a leitura e voltar a aguardar um pulso de início (start).

Tabela 17.1 Formato lógico do sinal emitido por um sistema IrDA.

Início	Código do comando	Código do dispositivo
S	D0|D1|D2|D3|D4|D5|D6	|C0|C1|C2|C3|C4|
2.4ms	**1.2** ou 0.6ms	**1.2** ou .6ms

4 - Velocidade e padrões

FIR (Fast-Speed Infrared Mode)

- ☒ Padrão IrDA 1.1.

- ☒ É necessário ter um chip IrDA que seja compatível para a transmissão de dados. Em função das altas velocidades que podem estar envolvidas, a maioria desses circuitos integrados precisa de que o sistema possua suporte a uma técnica muito usada em acesso à memória, chamada de DMA (Acesso Direto à Memória).

- ☒ Trabalha com velocidades de transmissão de dados entre 1.152M a 4 Mbps.

- ☒ O transmissor é responsável por montar o quadro, anexando o preamble, o start flag, o CRC-32 e o stop flag, formando, assim, um protocolo por inteiro.

- ☒ Dados não podem ser transmitidos e recebidos pelo mesmo dispositivo ao mesmo tempo, pois trabalha em sistemas half-duplex.

SIR (Slow-Speed Infrared Mode)

- ☒ Padrão usado é o IrDA1.0.

- ☒ A maior parte dos circuitos projetados para o padrão IrDA1.0 utiliza a tradicional UART, largamente utilizada na interface serial RS232C.

☒ Cada bit é codificado antes de ser transmitido e decodificado depois de recebido, pois seguem um padrão próprio para cada caractere.

☒ 0 é codificado ou entendido como um pulso simples de IR.

☒ 1 é codificado ou entendido como ausência de pulso IR.

☒ Existem velocidades alternativas, tais como: 19.2k, 38.4k, 57.6k e 115.2 kbps.

5 - Aplicação do sistema de infravermelho

As aplicações mais comuns para esse sistema figuram-se em:

☒ Câmera digital.

☒ Impressora.

☒ PDA1 — computador na palma da mão.

☒ Telefone celular.

☒ Dispositivos portáteis.

6 - Exercícios

1 — Explique o que é o sistema infravermelho de comunicação de dados:

R.: Uma forma simples de enviar dados por luz, em meio aberto, sendo uma transmissão unidimensional.

2 — Quais são os padrões mais comuns?

R.: Existem dois padrões Padrão IrDA1.1 e o IrDA1.0

3 — Enumere algumas vantagens e desvantagens do sistema IrDA:

R.:

Desvantagens:

☒ Pode controlar somente um dispositivo de cada vez.

☒ A taxa máxima de transferência dos dados é de cerca de 4 Mbps

---

1 São chamados de PDAs (Personal Digital Assistants) todo equipamento de processamento que pode ser colocado na palma da mão. A tradução direta seria assistente pessoal digital.

Vantagens:

- ☒ Os dispositivos IR têm baixo consumo de energia e, portanto, a bateria durará por um período mais longo.

- ☒ Os dispositivos IR são menos dispendiosos.

4 – Onde melhor se aplica o sistema IrDA?

R.: A aplicação mais comum é em locais onde precisamos de baixo custo e curto espaço de transmissão.

5 – Quais são as taxas de velocidade que se aplicam em IrDA?

R.: 1.152M a 4 Mbps.

CAPITULO 18

NFC

Um protocolo que vem despontando no mercado em ambientes móveis, do tipo telefonia celular de maior complexidade, os chamados smartphones, é a comunicação NFC. Criado para concorrer com o Bluetooth, mas tendo muito curto alcance, esse protocolo tem uma aplicação muito forte nos meios de pagamentos. É baseado no padrão MIFARE, dentro da norma ISO 14443 e da norma ISO 18092.

Um outro protocolo muito próximo que vamos também abordar aqui é o RFID RDM 6300, que tem funcionalidade muito próxima, ou seja, é usado para ler cartões sem contato, mas que não permitem gravação, pois normalmente esses cartões vêm gravados de fábrica.

1 - Conceito

Near Field Communication é uma tecnologia de comunicação sem fio de alta frequência e de curto alcance. É voltado principalmente para dispositivos móveis ou portáteis.

Ele permite transações simplificadas, troca de dados e conexões sem fio entre dois dispositivos, em que uma comunicação por rádio é estabelecida tocando os dois telefones ou mantendo-os em uma proximidade de alguns centímetros (até 10cm).

Dessa forma, esse protocolo permite a comunicação entre:

☒ Dois dispositivos ativos (ativos).

☒ Dispositivos alimentados e não autoalimentados (passivos).

O NFC combina a interface de um cartão inteligente com um leitor em um único dispositivo. Isso permite a comunicação de dados bidirecional entre os pontos finais. Ele opera dentro da banda de frequência de rádio globalmente disponível e não licenciada de 13.56 MHz e distância de trabalho com antenas padrão compactas de até 10cm. Essa curta distância atua como um recurso de segurança inerente. As taxas de dados suportadas são 106, 212 e 424 kbits/s.

Normalmente, trata-se de um microcontrolador (por exemplo, telefones habilitados para NFC) com circuitos integrados capazes de gerar radiofrequência a 13,56 MHz com outros componentes, como codificadores, decodificadores, antenas, comparadores e firmware, projetados para transmitir energia a uma tag e ler informações de volta, detectando a modulação. O leitor emite continuamente sinais de portadora de RF e continua observando os sinais RF recebidos para os dados transmitidos.

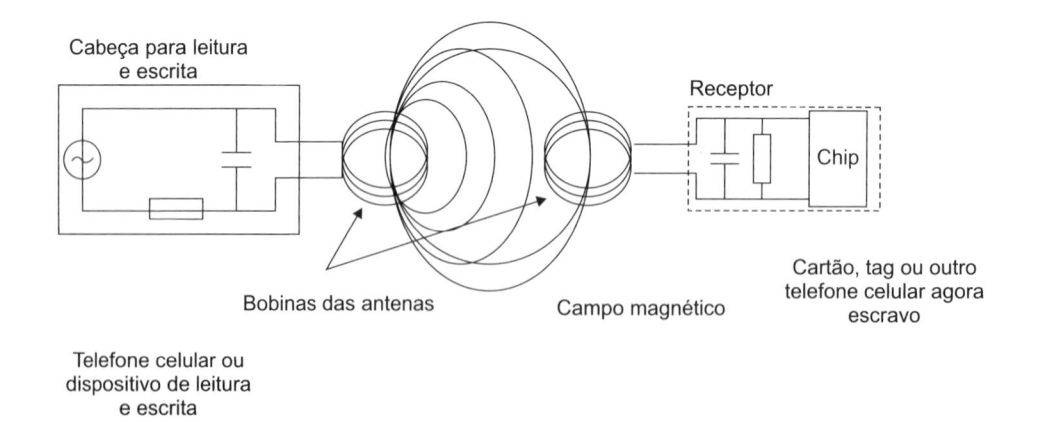

Figura 18.1A Estrutura básica de comunicação do NFC.

O NFC é muito popular com os chamados cartões sem contato com o protocolo MIFARE de 13,56 MHz. Muito cuidado para não confundir com o antigo cartão sem contato chamado de 125 KHz ou protocolo RFID RDM 6300. Os cartões RDM 6300 são cartões sem contato, mas que já vêm com um código gravado de fábrica. Os dispositivos funcionam sempre como leitores e nunca como gravadores desses cartões.

Nas Figuras 18.1A e 18.1B, podemos ver como ocorre a transmissão das informações entre o emissor e o receptor do padrão NFC e, respectivamente, ver como é a estrutura física do cartão.

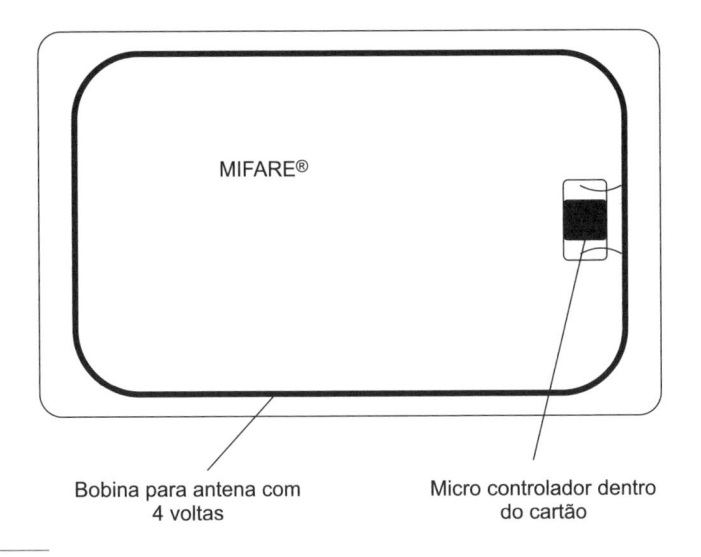

MIFARE®

Bobina para antena com
4 voltas

Micro controlador dentro
do cartão

Figura 18.1B Detalhes da construção física do cartão NFC.

2 - Benefícios do NFC

- ☒ **Versátil:** NFC é ideal para a mais ampla gama de interfaces para indústrias e ambientes comerciais e bancários.

- ☒ **Aberto e baseado em padrões:** as camadas subjacentes da tecnologia NFC seguem as normas ISO (14443, 18092) e outras normas implementadas universalmente.

- ☒ **Habilitação de tecnologia:** o NFC tem facilidades para a configuração de forma rápida e simples dentro das tecnologias sem fio (como Bluetooth, Wi-Fi etc.).

☒ **Inerentemente seguro:** as transmissões NFC são seguras devido à comunicação de curto alcance, apenas 10cm de distância entre o emissor e o receptor, impossibilitando terceiros no processo de troca de mensagem.

☒ **Interoperável:** o NFC funciona com as tecnologias existentes do cartão contactless, por isso está sendo muito usado em ambientes comerciais e bancários.

☒ **Seguro:** o NFC possui recursos integrados para suportar aplicativos seguros.

Atualmente, as máquinas de cartões de débito e crédito têm usado esse protocolo para comunicação entre o cartão do cliente e a máquina.

3 - Modos de operação do NFC

☒ **Modo de emulação de cartão:** o dispositivo NFC, por exemplo um smartphone, apresenta-se para um leitor externo da mesma forma que um cartão inteligente sem contato tradicional. Isso permite pagamentos sem contato e emissão de bilhetes por dispositivos NFC sem alterar a infraestrutura existente. Ex.: iPhone 6 suportando o ApplePay.

☒ **Modo leitor/gravador:** o dispositivo NFC é capaz de ler cartões inteligentes sem contato ou tags NFC. Ex.: um smartphone lendo e gravando em uma tag tradicional.

☒ **Modo peer-to-peer1:** dois dispositivos NFC podem trocar dados, por exemplo: você pode compartilhar parâmetros de configuração de link Bluetooth ou Wi-Fi ou pode trocar dados como cartões de visita virtuais ou fotos digitais. Ex.: telefone com o protocolo NFC.

Os telefones celulares são o principal alvo da NFC e, em breve, a NFC, dentro de nossa percepção de mercado, será implementada na maioria dos dispositivos portáteis. Mesmo que tenha o menor alcance entre as tecnologias de radiofrequência, a NFC é revolucionária devido a sua segurança, compatibilidade, interface amigável, imensas aplicações etc.

---

1 Peer-to-peer é o termo usado em NFC quando queremos dizer que vamos usar dois celulares para comunicação pois ambos são ativos, enquanto que na comunicação celular e cartão, apenas o celular é ativo.

Os cenários mencionados acima são apenas alguns exemplos de como a NFC mudará nossas vidas para melhor. Com o alto nível de interesse das empresas, bem como o envolvimento de desenvolvedores individuais e usuários nesse padrão de comunicação de curto alcance, as possibilidades são infinitas.

Figura 18.2 Sistema com NFC. **Fonte:** Pixabay, autor kai kalhh.

Na Figura 18.2, podemos ver a maior aplicação no momento para o protocolo NFC.

Consultando o padrão MIFARE, dentro da norma ISO 14443 e ISO 18092, podemos entender como operar esse protocolo, pois existe, bibliotecas em C para manipular a comunicação com um cartão RFID MIFARE.

A estrutura de um cartão MIFARE lembra muito um circuito integrado(chip) de memória RAM, ou seja memória de acesso aleatório, o cartão MIFARE tem um protocolo apropriado de comunicação para acessar os seus dados e que leva o nome do próprio cartão ou seja protocolo MIFARE.

Na Figura 18.3, podemos ver a estrutura interna de um cartão MIFARE usado para comunicação NFC.

Cada setor é composto de 4 blocos, sendo que os blocos de número 3 são reservados para as chaves criptográficas de cada setor, mostrando, assim, a alta segurança existente nesse cartão

A chave de um cartão "virgem" é FFFFF em número hexadecimal, que pode ser alterada dentro de um processo de gravação.

Setor	Bloco	Número de bytes em um bloco	Descrição
		0 1 2 3 4 5 6 7 8 9 10 11 12 13 14 15	
15	3	Chave A | Bits de acesso | GPB | Chave B	Trailer do setor 15
	2		Dados
	1		Dados
	0		Dados
14	3	Chave A | Bits de acesso | GPB | Chave B	Trailer do setor 14
	2		Dados
	1		Dados
	0		Dados
⋮	⋮		
1	3	Chave A | Bits de acesso | GPB | Chave B	Trailer do setor 1
	2		Dados
	1		Dados
	0		Dados
0	3	Chave A | Bits de acesso | GPB | Chave B	Trailer do setor 0
	2		Dados
	1		Dados
	0		Bloco do fabricante

Figura 18.3 Estrutura interna do cartão NFC dentro do padrão MIFARE.

Normalmente, os projetos acadêmicos, por sua simplicidade, procuram apenas ler o bloco 0 do setor 0, onde se encontra o código do fabricante. Esse código é diferente em cada cartão, pois ali tem o código do fabricante do cartão e uma parte do que seria um código identificador daquele cartão específico.

Os cartões MIFARE são comumente encontrados nas versões 1K e 4K.

4 - Sequência básica de operação para leitura ou escrita em um cartão MIFARE

1. Identifica-se a presença do cartão, através de um comando de verificar cartão.

2. Faz-se a leitura do número de série do cartão, para verificar se ele pertence a seu projeto ou se seria um cartão estranho, de forma a diferenciar um cartão seu de um cartão, por exemplo, de credito que lhe fora apresentado.

3. De posse do número correto, realiza-se a abertura da sessão ou o select tag, como é conhecido normalmente. O comando usado é o 93h.

4. Realiza-se agora a autenticação do lado A ou B do cartão, usando a chave criptográfica adequada, que, no primeiro acesso, será FFFFFF, hexadecimal. O comando usado é 60h para o lado A e 61h para o lado B.

5. A partir desse momento, o cartão está apto a recebimento de dados, operação de escrita ou leitura de um determinado endereço especificado, mas deve-se ter o cuidado de observar se a chave criptográfica utilizada é a mesma para o cartão todo ou diferente para cada bloco. O comando para leitura é o 30h, enquanto o comando de escrita é o A0h.

6. Realiza-se o comando de final de operação do cartão, fechando-o para que seja retirado da operação. O comando de finalização nada mais que levar o cartão para o modo hibernação, que é 50h.

Lembrando que o comando sozinho nada significa, é necessária a estrutura completa do protocolo. Lembrando que o comando sozinho nada significa, é necessária a estrutura completa do protocolo. Esses comandos aqui mencionados pertencem ao cartão, mas dependendo do circuito integrado para a comunicação, o conjunto de comandos são diferentes, onde o núcleo do comando, que são os informados acima, adicionados de partes como partida, finalização, endereçamento e etc. Assim teremos entre o microcontrolador e o cartão um chip, onde o mais famoso na atualidade e muito usado com o Arduino é o MFRC522 e já existe essa placa pronta com a antena para projetos acadêmicos. Dessa forma, teremos um chip entre o microcontrolador e o cartão — o chip mais famoso na atualidade e muito usado com o Arduino é o MFRC522, já existe essa placa pronta com a antena para projetos acadêmicos.

Na Figura 18.4, temos um exemplo dessa placa, que é largamente usada para se conectar em uma plataforma Arduino. Não há porque se preocupar com a estrutura dos comandos, pois existem bibliotecas para a plataforma Arduino.

No site https://www.nxp.com/products/identification-security/rfid/mifare-hf:MC_53422, podemos encontrar um farto material sobre a tecnologia NFC, baseada nos cartões MIFARE. Para ser mais específico, podemos obter mais informações sobre essa tecnologia no site http://www.nfc-forum.org/aboutnfc.

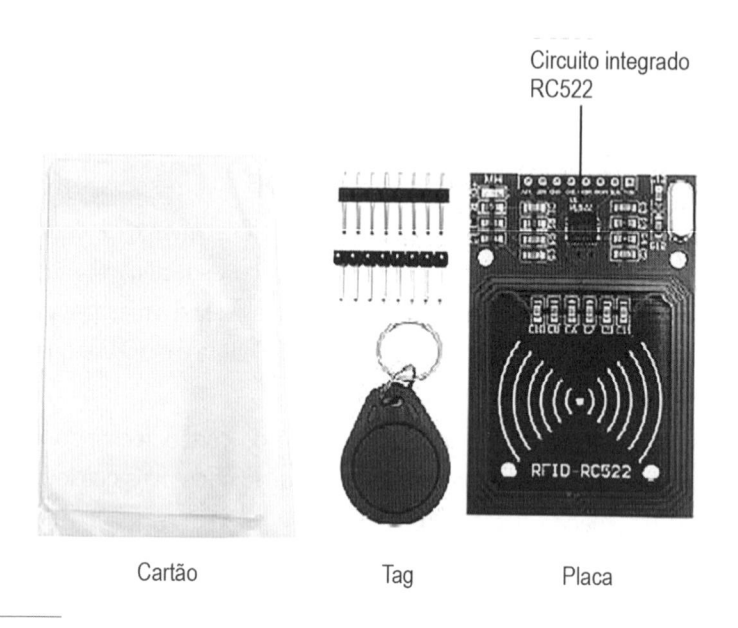

Circuito integrado RC522

Cartão　　　　Tag　　　　Placa

Figura 18.4 Tipica placa MIFARE.

Na Figura 18.5, podemos ver a estrutura lógica de um cartão MIFARE, na qual temos as partes estruturantes que permitem que o cartão tenha a inteligência para o processo de comunicação no protocolo NFC.

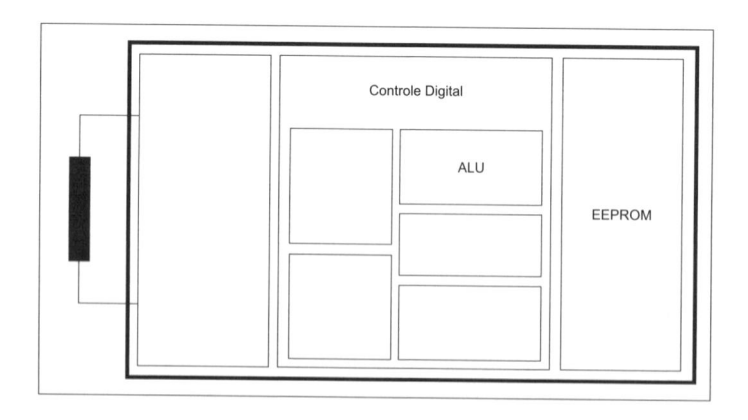

Controle Digital

ALU

EEPROM

Figura 18.5 Diagrama lógico do cartão MIFARE para comunicação NFC.

5 - Exercícios

1 – Por que usar o NFC e não o Bluetooth?

R.: O NFC não precisa de pareamento e oferece maior segurança devido à curta distância de comunicação.

2 – Qual é a chave criptográfica inicial do cartão MIFARE?

R.: A chave inicial é FFFFFFh.

3 – O que é peer-to-peer na comunicação NFC?

R.: Peer-to-peer é o termo usado em NFC quando queremos dizer que vamos usar dois celulares para comunicação, pois ambos são ativos, enquanto que, na comunicação celular e cartão, apenas o celular é ativo.

4 – É possível um celular se comportar como um cartão?

R.: Sim, essa operação é muito usada nos meios de pagamento, o elimina o cartão tradicional.

5 – Quais são as capacidades mais comuns nos cartões MIFARE?

R;: Os cartões MIFARE são comumente encontrados nas versões 1K e 4K.

CAPITULO 19

RUMOS DA CONECTIVIDADE

O mundo das comunicações e telecomunicações não é uma ciência estática, pois a demanda por maiores velocidades, confiabilidade e segurança está a cada dia evoluindo, e os projetistas buscando novas tecnologias.

Sem dúvida, um dos responsáveis diretos para o avanço dos sistemas de protocolos de conectividade é a Internet das Coisas (IoT). Dessa forma, um capítulo final abordando rapidamente as tendências do mercado se faz necessário.

Existem alguns protocolos que seja pelo custo, complexidade, ou até mesmo serem proprietários não muito populares em pequenas e médias redes, figuram apenas em grandes corporações. Assim, muitos projetos novos estão dando preferência a outros protocolos, mas vale a pena uma pequena abordagem. Entre eles, temos:

1- ATM

O Modo de Transferência Assíncrona (ATM) é uma técnica de comutação usada por redes de telecomunicação que usam multiplexação de divisão de tempo assíncrona para codificar dados em células pequenas e de tamanho fixo. Isso é diferente da ETHERNET, que usa tamanhos de pacote variável para dados ou quadros. O ATM é o protocolo principal usado no backbone (espinha dorsal de uma rede) da Rede Óptica Síncrona (SONET) da Rede de Serviços Digitais Integrados (ISDN).

Ele foi projetado para trabalhar em células, porque os dados de voz são convertidos em pacotes e são forçados a compartilhar uma rede com grandes pacotes de dados passando pelo mesmo meio. É por isso que todos os pacotes de dados devem ter o mesmo tamanho. A estrutura de célula fixa do ATM significa que ela pode ser facilmente comutada por hardware sem os atrasos introduzidos por quadros roteados e troca de software. Dessa maneira, existem projetistas que acreditam que o ATM é a chave para o problema de largura de banda da internet.

O ATM cria rotas fixas entre dois pontos antes do início da transferência de dados, o que o difere do TCP-IP, em que os dados são divididos em pacotes, cada um deles usando um caminho diferente para chegar a seu destino. Isso facilita a cobrança do uso de dados. No entanto, uma rede ATM é menos adaptável a um súbito surto de tráfego de rede.

2 - Frame Relay

O Frame Relay é uma tecnologia de rede de área ampla padronizada, que especifica as camadas física e de enlace de dados dos canais de telecomunicações digitais, usando uma metodologia de comutação de pacotes. Originalmente projetada para transporte em infraestrutura ISDN, pode ser usado hoje no contexto de muitas outras interfaces de rede, na substituição da ETHERNET.

Os provedores de rede geralmente implementam o Frame Relay para Voz (VoFR) e dados, como uma técnica de encapsulamento usada entre redes locais (LANs) e uma rede de longa distância (WAN). Cada usuário final obtém uma linha privada (ou linha dedicada) para um nó Frame Relay. A rede Frame Relay lida com a transmissão em um caminho que muda com frequência, transparente para todos os protocolos de WAN amplamente usados pelo usuário final. É menos dispendioso do que as linhas alugadas e essa é uma das razões para sua popularidade. A extrema simplicidade de configurar o equipamento do usuário em uma rede Frame Relay oferece outro motivo para sua popularidade.

Com o advento da ETHERNET sobre fibra óptica, MPLS, VPN e serviços dedicados de banda larga, podemos estar vislumbrando o fim do Frame Relay. Entretanto, muitas áreas rurais continuam sem serviços de modem a cabo e DSL. Nesses casos, o tipo menos caro de conexão não dial-up[1] permanece como uma linha Frame Relay de 64kbit-s/s. Assim, uma cadeia de varejo, por exemplo, pode usar o Frame Relay para conectar lojas rurais em sua WAN corporativa. Mas, se temos acesso à internet, essa escolha cai por terra, pois podemos utilizar um TCP-IP com túnel na internet.

3 - MPLS

O Multiprotocol Label Switching (MPLS) é uma técnica de roteamento em redes de telecomunicações que direciona dados de um nó para o próximo com base em rótulos de caminho curto, em vez de endereços de rede longos, evitando consultas complexas em uma tabela de roteamento e acelerando os fluxos de tráfego. Os rótulos identificam links virtuais (caminhos) entre nós distantes, em vez de pontos de extremidade. O MPLS pode encapsular pacotes de vários protocolos de rede, daí a referência multiprotocolo em seu nome. O MPLS suporta uma variedade de tecnologias de acesso, ou seja, podemos utilizá-lo com ETHERNET, x25, Frame Relay, ATM, entre outros.

4 - X.25

O X.25 é um conjunto de protocolos padrão ITU-T para comunicação de rede de área ampla comutada por pacote (WAN). Uma WAN X.25 consiste em nós de troca de comutação de pacotes, como o hardware de rede e linhas alugadas, conexões de serviço telefônico antigas simples ou conexões ISDN como links físicos. O X.25 foi originalmente definido pelo Comitê Consultivo Telegráfico e Telefônico Internacional (CCITT, agora ITU-T), em uma série de projetos, e finalizado em uma publicação conhecida como The Orange Book, em 1976. As redes X.25 foram populares durante a década de 1980, em empresas de telecomunicações e em sistemas de transações financeiras, como caixas eletrônicos. No entanto, a maioria dos usuários foi movida para sistemas com IP. O X.25 foi utilizado até 2015 (por exemplo, pela indústria de pagamentos com cartão de crédito) e ainda é utilizado pela aviação, comprado por empresas de telecomunicações. Esse protocolo tem alta qualidade na entrega dos dados, pois realiza verificação ao longo da transmissão dos dados, mas um protocolo lento para as necessidades atuais.

---

1 Dial-up são as redes discadas, ou seja, comunicação sobre uma linha telefônica de cabos.

5 - Protocolos em evolução

Existem muitos protocolos modernos e em crescimento, mas alguns merecem um destaque devido a sua procura. Não significa que esses serão um sucesso daqui para frente, mas tem essa tendência no mercado.

5.1 WiMax

Ao falar sobre redes sem fio, vamos verificar que o termo WiMax está cada vez mais sendo usado como uma tecnologia que substituirá o Wi-Fi. No entanto, as diferenças entre essas duas tecnologias não são muito grandes. WiMax significa Worldwide Interoperability for Microwave Access e é uma tecnologia padrão para fornecer uma alternativa sem fio às conexões por cabo e DSL. Este, no entanto, também é um dos usos do Wi-Fi. Embora os dispositivos que trabalham com Wi-Fi e estão sendo usados principalmente para conexão sem fio de curto alcance de dispositivos de usuários finais — como laptops, tablets e smartphones —, ele, o WiMax, também é usado, mas para interconexões a uma maior distância.

5.2 IPv6

O IPv6 é a versão mais recente do Internet Protocol (IP), o protocolo de comunicações que fornece um sistema de identificação e localização para computadores em redes e encaminha o tráfego pela Internet. O IPv6 foi desenvolvido pela Força-Tarefa de Engenharia da Internet (IETF) para lidar com o problema há muito esperado do esgotamento do endereço IPv4. O IPv6 destina-se a substituir o IPv4. Em dezembro de 1998, o IPv6 tornou-se um projeto de padrão para o IETF, que posteriormente o ratificou como um padrão da Internet em 14 de julho de 2017.

Como sabemos os dispositivos na internet recebem um endereço IP exclusivo para identificação e definição de localização. Com o rápido crescimento da Internet, após a comercialização nos anos 90, tornou-se evidente que seriam necessários muito mais endereços para conectar dispositivos do que o espaço de endereços IPv4 disponível. Em 1998, a Força-Tarefa de Engenharia da Internet (IETF) havia formalizado o protocolo sucessor. O IPv6 usa um endereço de 128 bits, teoricamente permitindo 2128 ou aproximadamente 3,4 × 1038 endereços. O número real é um pouco menor, pois vários intervalos são reservados para uso especial ou completamente excluídos do uso. O número total de endereços IPv6 possíveis é maior que 7,9 × 1028 vezes o IPv4, que usa endereços de 32 bits e fornece aproximadamente 4,3 bilhões de endereços. Os dois protocolos não são projetados para serem interoperáveis, dificultando a transição para o IPv6. No entanto, vários mecanismos de transição IPv6 foram criados para permitir a comunicação entre hosts IPv4 e IPv6.

6 - Protocolos estritamente industriais

A indústria utiliza uma série de sistemas de conectividade entre máquinas e computadores no seu chão de fábrica. Não é o escopo desse trabalho analisar esses protocolos, mas importante frisar que os mesmos são usados em ambientes altamente agressivos dentro do aspecto de ruídos elétricos, interferências etc.

São muito seguros, confiáveis e rápidos para aquilo que foram construídos, ou seja, interligar maquinas com as suas unidades de controle que nada mais são do que computadores preparados para chão de fábrica e ambientes industriais.

Alguns protocolos muito populares são:

- ☒ DeviceNet.
- ☒ Profibus
- ☒ Modbus.
- ☒ Profinet.
- ☒ ETHERNET Industrial.

Atualmente, descreve-se os diversos sistemas que coordenam o processo produtivo através de modelos que chamaríamos de conceituais. Devido à complexidade destes sistemas é comum estruturá-los em níveis hierárquicos para facilitar a sua compreensão. Cada nível hierárquico tem associado um nível de comunicação com os demais níveis para um completo controle.

Podemos ver na Figura 19.1 uma estrutura muito bem hierarquizada, com os níveis básicos para as empresas: níveis de campo ou chão de fábrica, de controle e de gerência. As divisões são claras e bem diversificadas, com as divisões instrumentação (sensores e atuadores), redes de dispositivos discretos, controladores, supervisão e gestão da produção.

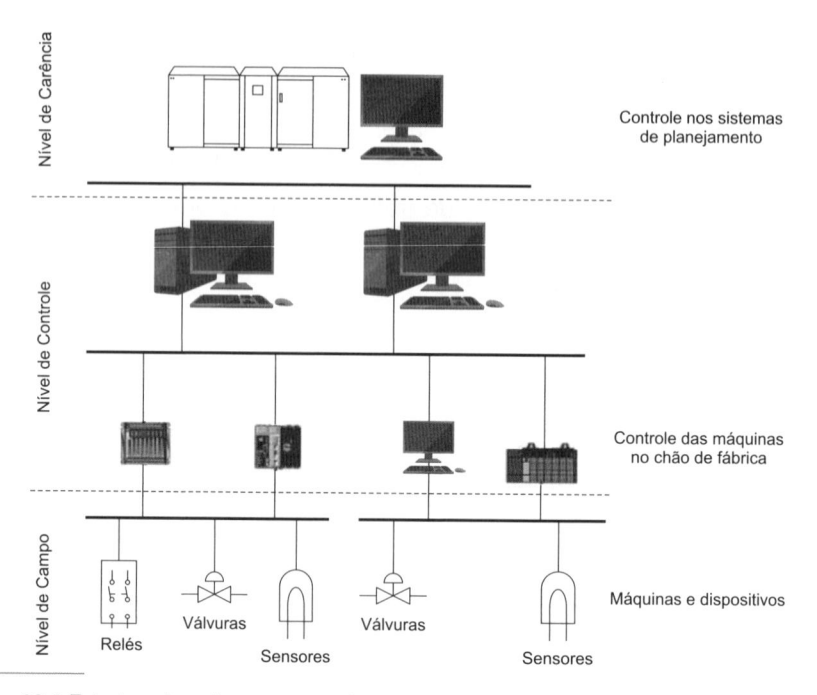

Figura 19.1 Estrutura de redes em uma indústria.

7 - Exercícios

1 – Qual é a diferença do IPv4 para o IPv6?

R.: Está basicamente na quantidade possível de acesso a redes e usuários. O número total de endereços IPv6 possíveis é maior 7,9 × 1028 vezes que o IPv4.

2 – Cite alguns protocolos industriais:

R.: Alguns dos protocolos mais populares são: DeviceNet, Profibus, Modbus, Profinet e ETHERNET industrial.

3 – Qual é a diferença entre o WiMax e o Wi-Fi?

R.: Embora os dispositivos que trabalham com Wi-Fi estejam sendo usados principalmente para conexão sem fio de curto alcance de dispositivos de usuários finais — como laptops, tablets e smartphones —, ele, o WiMax, também é usado, mas para interconexões em uma maior distância.

CONCLUSÃO

Podemos perceber que, dentro do aspecto de protocolo de comunicação, muito já foi feito, porém muito mais há para ser concluído ainda.

Dentro do mundo das comunicações via cabo, ainda existe um terreno muito grande a ser explorado quando se fala em taxas altas de velocidade e segurança. É muito difícil encontrar uma tecnologia que venha substituir, por exemplo, a fibra óptica, e dentro desses aspectos de segurança e velocidade, perder e muito no aspecto construtivo e de infraestrutura.

Nos sistemas sem fio, devido à economia de matéria-prima, como cabos e equipamentos, está o grande desafio, mas, em contrapartida, existem os problemas referentes à interferência, segurança e, é claro, taxa de troca de informações, isto é, à velocidade.

A Internet das Coisas (IoT) está, sem dúvida nenhuma, alavancando e muito os sistemas de conectividade para um patamar em que é importante, senão imprescindível, o uso contínuo de sistemas de comunicação, protocolos rápidos e precisos, com um nível de segurança ímpar, para se obter os resultados que se esperam.

A conectividade está presente no mundo das automações industriais, comerciais, bancárias, médicas, residenciais, entre outras formas de controle e verificação. Por isso, podemos ver que, se existe um computador ligando-se a outro computador ou um computador ligando-se a um sensor e atuador, com certeza precisamos de um processo de conectividade simples ou complexo, dependendo da aplicação.

O mundo está se movendo em direção a um tempo em que mais e mais objetos estarão conectados em sistemas que poderíamos chamar de ciber-físicos (sem qualquer conotação cinematográfica), a partir da internet das coisas. Esses objetos precisam de excelentes ferramentas para coletar informações de fontes no ambiente ao redor, utilizando-se das tecnologias de comunicação sem fio de smartphones modernos, como Bluetooth, Near Field Communication e Wi-Fi. Trata-se de um terreno sólido para transmitir e receber informações de forma segura, rápida e precisa.

Nesse sentido, o protocolo precisa permitir o uso de serviços com uma certa facilidade, ocultando a complexa estrutura subjacente e tornando as interações o mais natural possível.

Procuramos nesta obra apresentar alguns protocolos que não são de domínio de muitos técnicos e engenheiros, para que se tenha outras opções na hora de um projeto ou para entender o que se passa em um equipamento ou projeto que utilize tais protocolos.

Com exceção do TCP-IP e RS232C, que são muito populares e, por isso, existem muitas obras apresentando sua estrutura, procuramos aqui apenas contribuir com a explicação do funcionamento para dar um melhor conhecimento de alguns meios de comunicar equipamentos e dispositivos nesse universo maravilhoso chamado eletrônica.

BIBLIOGRAFIA

Axelson, Jan. *USB Complete:* The Developer's Guide. Lakeview Research. USA, 1999.

Colbach, Gordon. *The WiFi Networking Book:* WLAN Standards: IEEE 802.11bgn, 802.11n, 802.11ac and 802.11ax. Independently Published, 2019.

Dee Bakker, Diane McMichael; Gilste, Ron Gilster. *Bluetooth End to End.* Editor Wiley. USA, 2002.

Fredriksson, L. B. *Controller Area Networks and the protocol CAN for machine control systems.* Mechatronics, 1994.

Guimarães, A. A. *O Protocolo CAN Bus nas Aplicações Off-Road:* Uma Análise Comparativa entre os Padrões Existentes, SAE paper nº 2001-01-3853. São Paulo, 2001.

Molloy, Derek. *Exploring Raspberry Pi:* Interfacing to the Real World with Embedded Linux Edition, eBook Kindle. USA, 2015.

Ross, John. *O Livro do Wireless:* Um Guia Definitivo para Wi-fi Redes Sem Fio. Alta Books. Rio de Janeiro, 2012.

Senac. *Guia Internet de Conectividade.* 13ª ed. Editora Senac. São Paulo, 2008.

Sousa, Lindeberg. *TCP-IP e Conectividade em Redes.* Guia Prático. Erica Editora. São Paulo, 2002.

Souza, Vitor Amadeu. *Comunicação RS232 com PIC.* Editora Cerne. São Paulo, 2012.

Zuberi, K.M. & Shin, K. G. *Real-time decentralized control with CAN.* In: IEEE Conference on Emerging Technologies and Factory Automation, 1996. Proceedings. IEEE USA, 1996.

LINKS CONSULTADOS

<https://web.fe.up.pt/~ee02055/RelatorioTEC15.pdf >. Acesso em 20 jan 2019.

<https://en.wikipedia.org/wiki/Wiegand_interface >. Acesso em 20 jan 2019.

<http://www.lee.eng.uerj.br/~gil/filas/Padrao%20RS-232.pdf > Acesso em 20 jan 2019.

<http://www.pacontrol.com/download/RS232.pdf >. Acesso em 22 jan 2019.

<https://learn.sparkfun.com/tutorials/Bluetooth-basics >. Acesso em 22 jan 2019.

<http://docplayer.net/21281784-Ir-communication-a-learn-sparkfun-com-tutorial.html >. Acesso em 25 jan 2019.

<http://www.usbmadesimple.co.uk >. Acesso em 25 jan 2019.

<http://www.computer-solutions.co.uk/info/Embedded_tutorials/usb_tutorial.htm > Acesso em 28 jan 2019

<http://www.ti.com/lit/an/slva704/slva704.pdf >. Acesso em 30 jan 2019.

<https://pt.wikipedia.org/wiki/Cabeamento >. Acesso em 30 jan 2019.

<https://www.zigbee.org >. Acesso em 30 jan 2019.

<http://www.bb-elec.com/Learning-Center/All-White-Papers/Serial/RS-422-and--RS-485-Applications-eBook/RS422-RS485-Application-Guide-Ebook.pdf >. Acesso em 30 mar 2019.

<https://www.nxp.com/products/identification-security/rfid/mifare-hf:MC_53422>. Acesso em 30 abr 2019.

<http://www.nfc-forum.org/aboutnfc >. Acesso em 30 abr 2019.

<http://www.raspberrypi.org >. Acesso em 20 mai 2019.

<http://www.arduino.cc > Acesso em 20 mai 2019.

ÍNDICE